MEDITATION LERNEN

Wie Sie Erfolgreich Eine Meditation Durchführen

(Meditieren Lernen Für Einsteiger - in Wenigen Schritten Zu Einer Tiefen Meditation)

Jessica Dresdner

Published by Knowledge Icon

© **Jessica Dresdner**

All Rights Reserved

Meditation lernen: Wie Sie Erfolgreich Eine Meditation Durchführen (Meditieren Lernen Für Einsteiger - in Wenigen Schritten Zu Einer Tiefen Meditation)

ISBN 978-1-990084-98-0

All rights reserved. No part of this guide may be reproduced in any form without permission in writing from the publisher except in the case of brief quotations embodied in critical articles or reviews.

Legal & Disclaimer

The information contained in this book is not designed to replace or take the place of any form of medicine or professional medical advice. The information in this book has been provided for educational and entertainment purposes only.

The information contained in this book has been compiled from sources deemed reliable, and it is accurate to the best of the Author's knowledge; however, the Author cannot guarantee its accuracy and validity and cannot be held liable for any errors or omissions. Changes are periodically made to this book. You must consult your doctor or get professional medical advice before using any of the suggested remedies, techniques, or information in this book.

Upon using the information contained in this book, you agree to hold harmless the Author from and against any damages, costs, and expenses, including any legal fees potentially resulting from the application of any of the information provided by this guide. This disclaimer applies to any damages or injury caused by the use and application, whether directly or indirectly, of any advice or information presented, whether for breach of contract, tort, negligence, personal injury, criminal intent, or under any other cause of action.

You agree to accept all risks of using the information presented inside this book. You need to consult a professional medical practitioner in order to ensure you are both able and healthy enough to participate in this program.

Table of Contents

Kapitel 1: Was ist Meditation?.................................... 1

Kapitel 2: Zu diesem Buch 9

Kapitel 3: Die positive Wirkung der Meditation 12

Kapitel 4: Die Geschichte der Meditation 14

Kapitel 5: Meditation - Wie, Was, und Wo 18

Kapitel 6: Meditation.. 24

Kapitel 7: Vorteile der Meditation 96

Kapitel 8: Was ist Meditation? 103

Kapitel 9: Die Geschichte der Meditation 107

Kapitel 10: Warum meditieren? 113

Kapitel 11: Meditationstechniken 117

Kapitel 12: Meditation für 135

Kapitel 13: Was ist mit der Erleuchtung? 161

Kapitel 14: Meditation richtig erklärt............. 165

Kapitel 15: Die 15 besten Anfänger Tipps 167

Kapitel 16: Achtsame meditative Praxis und einfache Übungsbeispiele 183

Kapitel 1: Was ist Meditation?

Bei vielen Meditation konzentriert man sich entweder auf ein bestimmtes Element, wie ein Bild, ein Wort oder den Atmen, oder richtet die Aufmerksamkeit bewusst auf alles. Wobei hier wichtig ist, Dinge nur wahrzunehmen, ohne sie zu bewerten.

Wenn Sie sich also beispielsweise auf ein Geräusch konzentrieren und dabei das Bellen eines Hundes wahrnehmen, sollten Sie sich davon nicht unterwerfen und davontragen lassen, etwa so: „Oh der Hund des Nachbarn bellt aber Mal sehr laut, der ist wohl ganz schlecht erzogen, da fällt mir doch glatt ein, dem Hamster noch Futter zugeben und den Rasen mähen muss ich auch noch, aber sehr rücksichtslos, dass der Nachbar sich einen so großen Hund angeschafft hat und außerdem prahlt er ja auch noch mit seinem neuen Wagen, überhaupt ist das ein ganz mieser Typ, genau wie der Kassierer heute im Supermarkt, der auch ganz schlecht gelaunt war..."

Es geht hierbei viel mehr darum nur wahrzunehmen und festzustellen: „Der Hund des Nachbarn bellt", und jegliche Wertung mal außer acht zu lassen. Ab da kann man sich genauer mit dem Geräusch befassen, wie hört es sich an, welche Klangqualität hat es, ist es nah oder fern, gewohnt oder überraschend? Oder eben es vorbeiziehen lassen und dann etwas anderem seine Aufmerksamkeit schenken.

Was für Geräusche zutrifft, gilt auch für Gefühle, Gedanken oder innere Bilder. Im Geist kann Meditation also sehr facettenreich sein. Äußerlich hingegen passiert beim Meditieren wenig bis gar nichts. Meist sitzt der Meditierende, oder er liegt. Selbst aktive Varianten wie

Gehmeditation oder sogar Yoga laufen eher langsam bis unbewegt ab. Wo liegt also der Unterschied zwischen liegen und Meditation?

Wer herumsitzt, kann unkonzentriert traurig, nervös oder auch glücklich und gut drauf sein.

Meditation, egal in welcher Form auch immer, bezeichnet dagegen ein Versuch, sich bewusst auf etwas zu konzentrieren.

Einfach abschalten

Das ständige meditieren trainiert das Gehirn zum Nichtstun, zum Stillhalten ein schwieriges Unterfangen für unser Gehirn, dem wir ständig Höchstleistungen abverlangen.

Unser Gehirn ist ständig im Dienst, immer voller Gedanken, aber dabei meistens gestresst und unkonzentriert. Übt an in ruhigen Momenten das gezielte Abschalten, kann unser Gehirn regenerieren, eben wie ein Muskel. Sitzt man dagegen bloß nur, aktiviert man keine Prozesse im Gehirn und man ist im Nachhinein genauso entkräftet wie zuvor.

Menschen, die sehr lange geübt sind im Meditieren, kriegen gar Erleuchtungen und werden von Erscheinungen heimgesucht. Vor allem aber besteht das große Ziel darin, einmal in Ruhe einfach nichts zu tun.

Viele Wege führen nach Rom

Meditation ist nicht gleich Meditation. Eine ziemlich komische Anmerkung, aber lassen Sie mich das etwas genauer erklären: Genau wie die Musik viele unterschiedliche Stilrichtungen hat, so entwickelten und gibt es mittlerweile viele unterschiedliche Meditationsformen. Diese sprechen verschiedene Sinne an und wirken auch auf unterschiedliche Weise. Ich möchte Ihnen im Folgenden die bekanntesten Meditationstechniken vorstellen:

Achtsamkeitsmeditation

Diese Meditationstechnik ist vor allem in Europa sehr bekannt. Dabei konzentriert man sich auf etwas, meistens auf den eigenen Atem, die Gedanken oder Gefühle. Achtsamkeitsmeditationen bilden die Grundlage der Mindfulness-Based Stress Reduction, also der achtsamkeitsbasierten Stressreduktion.

Sie wurde von dem amerikanischen Molekularbiologen Jon Kabat-Zinn entwickelt. Er konnte nachweisen, dass sich viele gesundheitliche Probleme, von chronischen Schmerzen bis hin zu psychischen Störungen, durch regelmäßige Achtsamkeitsübungen verbesserten.

Visualisieren

Bei dieser Methode, welche auch Imagination genannt wird, lässt man bewusst Bilder vor seinem inneren Auge entstehen. Hier sind Ihre Fantasie und Ihr Vorstellungsvermögen gefragt. Visualisierungen helfen manchen Menschen besonders gut, sich zu entspannen und sich von einer belastenden Alltagssituation zu lösen.

Sie können den Einstieg in die Meditation vereinfachen. Sie werden im Buch einige Übungen kennenlernen, welche mit der Visualisierung arbeiten.

Chakra- Meditation

Diese Form der Meditation beschäftigt sich mit den sieben Energiezentren im Körper, wie sie aus manchen hinduistischen und buddhistischen Lehren bekannt sind. Laut der Chakrenlehre gibt es sieben Hauptchakren, die auf der Achse zwischen Beckenboden und Scheitel liegen. Ziel ist es, den Energiefluss anzuregen und ein Ungleichgewicht aufzulösen.

Metta-Meditation

Diese Meditation sendet überall Liebe und Dankbarkeit. Zunächst senden wir uns erst selbst, dann den Menschen, die wir mögen und schließlich den Menschen, die uns weniger sympathisch sind sowie allen Lebewesen auf der Welt und Liebe und Dankbarkeit.

Das mag vielleicht im ersten Moment nutzlos und schwierig klingen, aber nach einiger Zeit wird Ihre innere Stimme aufhören zu meckern. Ihre Einstellung zur

Welt und anderen Menschen wird positiver und Sie selbst glücklicher.

Mönche, die die Metta-Meditation über lange Zeit hinweg regelmäßig praktizieren, gehören laut Wissenschaftlern zu den glücklichsten Menschen der Welt.

Kapitel 2: Zu diesem Buch

Sie möchten Meditieren lernen? Dann haben Sie mit dem Griff zu diesem Buch genau den ersten Schritt in die richtige Richtung gemacht. Meditation ist ein weiter Begriff und kann für jeden etwas anderes bedeuten. DIE Meditationstechnik gibt es nicht. Wir sind alle unterschiedliche Individuen und bei jedem sieht der Weg zum inneren Ich anders aus. Doch keine Sorge! Wir helfen Ihnen diesen Weg zu finden. Wir erklären, was Meditation eigentlich genau bedeutet. Denn anders als oft angekommen, handelt es sich nicht um eine bloße Entspannungsübung. Meditation bedeutet die volle Konzentration auf sich selbst. Die Entdeckung des eigenen Ichs. Die Wahrnehmung der eigenen Existenz und damit verbunden eine bewusstseinserweiternde Wahrnehmung

Ihrer Umwelt und den Platz, den Sie darin einnehmen. Durch das Training dieser Fokussierung werden Sie am Ende tiefe Entspannung empfinden. Wie immer im Leben, heißt es also erst die Arbeit und dann das Vergnügen, denn Meditation will gelernt und vor allem trainiert sein. Mit Mühe und Geduld werden Sie so mit der Zeit Ihren eigenen Weg zu Ihrem Inneren ganz von selbst finden. Dieses Buch gibt Ihnen die nötige Starthilfe. Wenn Sie den Schritten in diesem Buch folgen, sich vertrauen, aufmerksam und geduldig mit sich sind, wird sich Ihnen IHR Weg von ganz allein eröffnen.

Dieses Buch richtet sich an Anfänger. Wir wollen Ihnen genau zeigen, wie Sie es schaffen den Hebel zwischen hektischem Alltag und absoluter Ruhe umzulegen. Wie Sie es bewerkstelligen umzudenken, denn grade für Einsteiger ist es schwer sich vom Alltag zu lösen und sich mit Ruhe und sich selbst zu konfrontieren.

Unser erstes Kapitel handelt davon, wofür Sie Meditation überhaupt einsetzen können. Fragen Sie sich einmal, wie Sie selbst auf die Idee gekommen sind meditieren zu wollen? Was versprechen Sie sich davon? Mehr Entspannung? Mehr Gesundheit? Mehr Glück? Mehr Harmonie? Mehr Erfolg?

Kapitel 3: Die positive Wirkung der Meditation

Von der Wissenschaft wird die positive Wirkung der Meditation erforscht. Bereits 2013 beschrieb ein Artikel im „Spiegel online" dass Neurowissenschaftler entdeckten, dass Meditieren als Mittel gegen Angststörungen, Depressionen und Stress hilfreich ist.

Nun sind Wissenschaft und Meditation zwei ganz verschiedene Welten. Doch in dem Artikel von 2013 werden Forschungen und Artikel beschrieben.

Hier eine kurze, aber nicht vollständige Auflistung der positiven Wirkungen:

- Klarheit
- Veränderung der Hirnstruktur

- mehr Mitgefühl
- Schmerzlinderung
- Gelassenheit
- Entspannung und innere Ruhe

Die Meditation wirkt direkt auf deine innere Chemiefabrik. Bereits Franz von Assisi hatte das erkannt und benötigte keine Wissenschaftler, um die wohltuende Wirkung der Meditation zu erkennen:

Wo es Frieden und Meditation gibt, da herrscht weder Sorge noch Zweifel."

Kapitel 4: Die Geschichte der Meditation

Die Entstehung der Meditation ist in den Religionen begründet. Eine spezielle Lebensform, die in den Weltkulturen und Religionen einen sehr speziellen Platz hat und eine wichtige Rolle spielt.

Die Buddhisten, Hindhuisten und Jainas wollen eine "Erleuchtung" oder das "Nirwana" als Lebensziel erreichen. Die Christen, Islamisten oder Juden nutzen die Meditation zum Erreichen des Göttlichen. Verschiedene religiöse Sichtweisen prägen die Meditation genauso wie die Psychologie und die Ethik. Unsere westliche Welt nutzt die Mediation auch völlig getrennt von jeglicher Spiritualität, um Entspannung, Loslassen und einen gewissen "Wellnesscharakter" in verschiedene Therapien zu integrieren.

Früher benutzte man das Wort "Meditation" als Synonym für "Nachdenken über ein Thema".

Im fernen Osten ist die Meditation fest in die Traditionen eingebunden und stellt einen direkten Kontakt zu Gott dar. Das Christentum praktiziert diesen Kontakt durch das Gebet. Die ältesten Überlieferungen liegen in Indien, hier wurde die Meditation bei den Upanishaden und Buddhisten praktiziert. Der Begriff "Jhana" bedeutet hier unterschiedliche "Versenkungszustände", die auch auf Ebenen des Chan (China) und des Zen (Japan) begründet sind. Yoga, die indische, traditionelle Form einer Meditation, ist bis heute sehr beliebt. Das Raja Yoga trainiert bis zum heutigen Tag die Atemtechnik im "Pranayama". All diese Varianten der Meditation sind verankert in der Spiritualität. Im Daoismus wird innerhalb der Meditation visualisiert und nach innen geblickt. Eine Vereinigung mit

Dao soll erreicht werden und es wird an eine Unsterblichkeit geglaubt im körperlichen und geistigen Bereich.

Überlieferungen aus dem Mittelalter zeigen, dass das Christentum folgende geistige Übungen praktizierte:

- lectio (aufmerksam lesen)

- meditatio (gegenstandsfrei anschauen)

- oratio (beten)

-contemplatio (gegenständlich betrachten)

Die Christen wollten damit Ruhe in den Verstand bringen. Theresa von Avila ist eine der bekanntesten Frauen aus dem Mittelalter, die ihre Schriften in die Öffentlichkeit brachte. Doch bereits im 15. und 16. Jhd. fielen sie der Inquisition zum Opfer. Das Christentum bezeichnete alles Mystische als "Häresie". Jedoch finden wir bis zur heutigen zeit Restelemente dieser meditativen Praktiken bei den Franziskanern und Benediktinern und Hesychasmus.

Kapitel 5: Meditation - Wie, Was, und Wo

Individuen meditieren aus einer ganzen Reihe von Gründen. Einige Menschen nutzen die Meditation, um ihre Kontemplation über das Leben zu beleuchten, andere nutzen die Intervention als einen Ansatz zur Stressreduzierung und Beruhigung. Seit vielen Jahren wird Meditation angewandt, um das Gehirn zu zentrieren, den Körper zu beruhigen und die Seele zu stärken. Diejenigen, die darüber nachdenken, zu meditieren, haben einen Haufen Fragen, die sie vielleicht beantworten haben möchten, bevor den Weg der Meditation beschreiten.

Das Unglaubliche an Meditation ist, dass es keinen Unterschied macht, welcher Überzeugung man angehört, nach welchen religiösen Praktiken man sich richtet, wie alt man ist oder wie fortgeschritten der

Unterricht ist. Meditation bietet jedem von uns die Gelegenheit, eine friedliche Auszeit in unserem Leben zu nehmen, um in ruhiger Atmosphäre nachzudenken. Ab und zu meditieren die Menschen für eine beträchtliche Zeit, ab und zu sind es bloß fünf Minuten, die Sie in Ihren fieberhaften Tag einbringen können. Während ein längere Meditation natürlich besser ist, um die ruhige Persönlichkeit aufzubauen, werden Sie sogar von nur wenigen Minuten Entspannung profitieren.

Tatsächlich steigt mit dem Beginnen des Meditierens auch die Wahrscheinlichkeit, dass diese für Sie auch notwendig wird.

Wenn Sie anfangen zu meditieren, ist es am besten, mit einem Instruktor zu arbeiten, da Ihnen dies helfen kann, Strategien zu entwickeln, die Ihre Psyche davon abhalten, alle Probleme Ihres Lebens anzugehen, denn die Meditation soll schließlich verhindern, dass unser

Gehirn unfokussiert und unkontrolliert von einem Gedanken zum nächsten eilt. Es erfordert einen beträchtlichen Zeitraum, um herauszufinden, wie wir unsere Psyche beherrschen können, und die Arbeit mit erfahrenen Menschen hat positive Vorteile.

Für den Fall, dass Sie mit anderen zusammen meditieren, werden Sie wahrscheinlich nur an festgelegten Terminen, bei denen alle Zeit haben, meditieren können. Wenn Sie es dennoch Tag für Tag üben, ist es am vorteilhaftesten, den Morgen mit Nachdenken zu beginnen, da dies Ihnen ermöglicht, Ihren Tag auf eine ruhige Art zu beginnen, wahlweise können Sie auch meditieren, bevor Sie abends ins Bett gehen. Dies ermöglicht Ihnen, Ihre Psyche zu beruhigen, bevor Sie sich ausruhen. Ein entspannter Geist wird einfacher ruhen als ein geschäftiger. Wie dem auch sei, bedeutet nicht, dass sie nicht auch mit ihrer Familie zusammen üben können, ehe die Kinder ins Bett müssen. Das ist großartig, da es keine Altersbeschränkungen für die Meditation gibt.

Menschen meditieren an vielerlei Plätzen, wiederum ist es wünschenswert, über einen außergewöhnlichen "Ort" zu verfügen. Nicht jeder Mensch hat den Vorteil eines ungewöhnlichen Raumes mit beruhigender, glücklicher Ausstrahlung, in dem man meditieren kann. Versuchen Sie einfach, den Ort, an dem Sie meditieren, frei von Chaos und Lärm zu halten, da diese Probleme Sie davon abhalten können, eine feste Persönlichkeit aufzubauen. Vielleicht müssen Sie ein motivierendes Bild in dem Raum plazieren, welches Sie ermutigt Ihre Psyche an diesem Ort zu zentrieren. Eine beträchtliche Anzahl von Experten wählt zur Meditation grundlegende Öle oder Weihrauch, da bestimmte Gerüche im

Allgemeinen als nützlich empfunden werden, um unsere Gedanken zu beruhigen.

Tatsächlich liegt die Atmung im Mittelpunkt der Duft-basierten Behandlung. Es gibt zahlreiche Kapitel und Bücher, die es Ihnen dabei hilft, Öle zu entdecken, die für Sie geeignet sind. Probieren Sie verschiedene dieser Düfte aus um diejenigen, die Ihnen helfen sich zu beruhigen und zu erden, zu finden.

Bemühen Sie sich, etwa zwei Stunden, bevor Sie meditieren, keine große Mahlzeit mehr zu Ihnen zu nehmen, da Ihr Körper die Nahrung während dieser Zeit verarbeiten wird und diese Verfahren Ihre Fähigkeit beeinflussen können, sich zu konzentrieren. Für den Fall, dass Sie es zu Beginn Ihrer Meditation nicht schaffen sich zu konzentrieren, fahren Sie zunächst fort, mit etwas Geduld wird die Ruhe kommen, sofern wir unserer Psyche dafür die Zeit geben.

Kapitel 6: Meditation

Sicher kennen Sie Erfahrungen wie diese: Sie stehen morgens noch schlaftrunken vor dem Spiegel im Badezimmer und finden, dass Sie wieder einmal unmöglich aussehen. Der Bauch ist zu dick, die Haare zu strähnig, die Waden zu plump, und mit diesem Po möchten Sie am liebsten gar nicht auf die Straße gehen. Die Waage sagt: zu viel des Guten! Zu viel Kaffee trinken Sie auch, zu viel rauchen tun Sie ebenso, und den Kater heute morgen haben Sie sicher nicht von zu viel Zitronenlimonade. Ach, Sie wissen das ja alles! Sie sind sich dessen durchaus bewusst. Es kommt aber noch besser: Nachher im Geschäft werden Sie sicher wieder kritisiert oder aus irgendwelchen nichtigen Anlässen angemeckert und müssen feststellen, dass die Kollegen oder Vorgesetzten auch noch Recht haben, bringen es aber nicht über sich, es zuzugeben. Vom erhofften Erfolg im Geschäft kann keine Rede sein. Irgendwie landen Sie immer auf dem Abstellgleis. Erfolg oder scheinbaren Erfolg heimsen immer andere ein, manchmal Duckmäuser, manchmal Leute, die einfach 'durchsetzungsfähiger' sind als Sie. Die Kinder daheim machen Stress, weil sie nicht tun dürfen, was sie wollen. In kritischen Augenblicken halten Sie sich für einen Rabenvater oder eine Rabenmutter. Der Nachbar piesackt Sie, weil Sie versehentlich seine Mülltonne angefahren haben. Ehemalige Freunde meiden Sie, als hätten Sie die Krätze, weshalb auch immer. Ihre Eltern beklagen sich am Telefon, weil Sie sie nicht oft genug besuchen, und wollen nicht verstehen, dass Sie gerade einfach nicht können. Vermutlich machen Sie überhaupt alles falsch, was man nur falsch machen kann, und manchmal haben Sie den ermüdenden Eindruck, dass Sie mit Ihrem ganzen Leben nicht klarkommen.

Noch nie erlebt? Dann gehören Sie zu einer Schar von wenigen glücklichen Auserwählten. Die meisten Menschen kennen solche oder ähnliche Erfahrungen und Gefühle nur zu gut. Wäre es anders, bräuchte es nicht Schriften über Religion oder Philosophie zu geben oder eben solche, wie diese hier, über Meditation.

Es heißt, ein Mensch könne sich nicht ändern. Das mag im Grundsatz so sein, aber er kann lernen, mit seinen Schwächen und Fehlern umzugehen und so ein neues, besseres Verhältnis zu sich selbst (und damit auch zu anderen) zu bekommen. Wenn er das schafft, dann klappt's auch mit dem Nachbarn, wie es einmal in einer witzigen Fernsehwerbung hieß. Letztlich ändert sich ein Mensch, der so vorgeht, dann doch ein gutes Stück weit, oder besser gesagt: er ver-ändert sich. Erstaunlicherweise verändert er sich auf diesem Wege automatisch zum Besseren hin. Es könnte doch auch andersherum passieren, möchte man meinen. Das tut es aber in der Regel erstaunlicherweise nicht. Wenn doch: wenn sich einer oder eine in Gewaltphantasien flüchtet, sich abkapselt, Kontakte schleifen lässt und Familienleben und Arbeit vernachlässigt, dann ist etwas ganz und gar schiefgelaufen. Dann ist ein Gang zu einem Psychologen, Psychotherapeuten oder Psychiater nicht nur anzuraten, sondern dringend notwendig. Dann nützen Meditation, Selbsterkenntnis und Selbstheilung nichts mehr. Dummerweise merkt das der Betroffene fast nie selbst, und so nehmen häufig ungute Schicksale ihren Lauf, es sei denn, ein Außenstehender, dem diese Entwicklung auffällt, schreitet entschlossen ein. Damit wollen wir uns hier im Prinzip nicht beschäftigen, jedenfalls nicht vorrangig. Im

Wesentlichen geht es hier um geistig-seelisch grundsätzlich intakte Menschen, die es auch bleiben möchten, dafür aber Unterstützung suchen, weil sie womöglich sehen, dass auch in ihrem Leben etwas nicht wirklich in Ordnung ist, ohne dass sie deshalb gleich komplett 'aus der Spur' wären.

Für den Arzt sind Sie nichts als ein kaputtes Auto

Die Frage, was gesund und was krank ist, wurde noch bis vor wenigen Jahren mit schul-medizinischen Antworten kurz angebunden vom Tisch gewischt. Wer bestimmten Normen nicht entsprach oder bestimmte Symptome äußerte, war krank, basta! Seit längerem schon hat die Medizin vielfach andere Wege eingeschlagen. Vielfach wird heute definiert: Krank ist, wer sich krank fühlt. Es laufen unglaublich viele Menschen fröhlich und zufrieden mit gesundheitlichen

Einschränkungen herum, Menschen, die früher aus der Arztpraxis heraus stante pede in der Klinik gelandet wären, und wenn nicht in einem allgemeinmedizinischen Krankenhaus, dann unter Umständen sogar in einem psychiatrischen. Das ist glücklicherweise zum größten Teil vorbei. Wenn ich mich bei dem, was ich mit mir herumschleppe, zwar belästigt, insgesamt aber durchaus gesund finde - wo ist dann das Problem? Nur: so richtig wohl fühlen Sie sich dann doch nicht, oder jedenfalls nicht immer. Woran mag das liegen?

An der Zeit, sich nicht nur oberflächlich mit der Frage zu beschäftigen, ob Sie nicht vielleicht doch einmal dies oder jenes tun sollten, um sich und Ihrem psychischen und physischen Wohlergehen ein wenig auf die Sprünge zu helfen, ist es, wenn Sie sich, obwohl eigentlich 'gesund', dennoch mit allerlei oft unerklärlichen Beschwerden herumschlagen, die Sie auch nach Arztbesuchen und durch Einnahme von Medikamenten nicht in den Griff bekommen. Manche Ärzte - was kein Vorwurf ist, sondern eine Erklärung - verschreiben bis heute nicht ohne weiteres kostenlose Therapien, sondern lieber Tabletten etc., zumal sie nicht von Gesunden leben, sondern von Kranken. Für den Arzt ist der Patient nichts anderes als ein kaputtes Auto, das er gegen entsprechendes Entgelt repariert. Den gesunden Patienten sieht er in aller Regel nicht wieder, es sei denn, der bekäme irgendwoher irgendein neues Leiden. Was soll ein Auto, das keinen Defekt hat, in der Werkstatt? Nur nebenbei: Ganz ohne irgend etwas, was ihn bedrückt oder einschränkt, geht niemand durchs Leben. Glücklicherweise gibt es neben solchen Schulmedizinern auch andere, zumal in der medizinischen Forschung, die mit einem anderen Ansatz an diese Dinge herangehen, und die erkannt haben, dass häufig nicht Pillen oder Spritzen einen

Menschen gesund machen, sondern dass für den Heilungsprozess ganz andere, mentale Prozesse ausschlaggebend sind. Natürlich gilt dies nicht ohne Weiteres für Dinge, die einen operativen Eingriff erfordern. Ein gebrochenes Bein wird sich kaum mit schierer Selbstzufriedenheit reparieren lassen. Oder etwa doch? Wer so etwas früher behauptet hätte, wäre verlacht oder glatt rausgeworfen worden. Bei genauerem Hinsehen zeigt sich aber, dass auch in ganz vielen solchen Fällen der Heilungsverlauf zumindest sehr viel schneller und problemloser vonstatten geht, wenn der Patient mental stabil ist und ein gutes Verhältnis zu sich, seinem Körper und seiner Psyche hat. Dass Meditation den gegebenenfalls notwendigen Einbau von Schrauben, Schienen oder Prothesen nicht ersetzen kann, muss sicher nicht betont werden, und auch ein abgenutztes Hüftgelenk lässt sich nicht durch Za-Zen ersetzen. Es bleibt aber dabei: Mindestens der

Heilungsprozess verläuft nach gesicherter Erkenntnis bei selbstbewussten und sich selbst liebenden Menschen anders, schneller und insgesamt problemloser als bei labilen Persönlichkeiten, die schon mit ihrer eigenen Psyche nicht richtig klarkommen - wie dann erst mit ihrem Körper? Wenn Sie sich dagegen insgesamt gut fühlen, was es ja auch geben soll, dann werden Sie es kaum ablehnen, mit einfachen Mitteln dafür zu sorgen, dass es auch dabeibleibt.

Kann man lernen, sich selbst zu lieben?

Fragt sich nur, wie man diesen angestrebten Zustand der Selbstzufriedenheit, dieses Eins-sein-mit-sich-selbst, falls man ihn nicht schon hat, erreichen kann. Kann man das lernen? Sich selbst zu mögen, sich zu lieben und sich mit einem gesunden Selbstbewusstsein gesund zu kurieren? Antwort: Ja, man

kann, und nicht nur ernst oder weniger ernst zu nehmende Gurus aller Art, sondern selbst klinische Forscher empfehlen weitgehend übereinstimmend ein Mittel, auf das einer erst einmal kommen muss. Meditieren Sie! Wenn Sie meditieren, haben Sie hervorragende Chancen, zu einer stabilen Mitte zu finden, alles, was Sie ärgert, irritiert oder belästigt, loszuwerden oder jedenfalls in den Griff zu bekommen und so wieder besser selbstbestimmt handeln zu können, als es zuletzt womöglich der Fall war. Dass zwischen Heilung und Selbstheilung einerseits und Meditation andererseits ein realer Zusammenhang besteht, nicht nur ein irgendwie nebulös vermuteter, ist in den vergangenen Jahren durch konkrete Messungen, unter anderem mittels Magnetresonanz-Tomographie,
nachgewiesen worden. Die Forschungsergebnisse sind so eindeutig, dass inzwischen viele Krankenkassen Meditationskurse bezahlen, und das will

etwas heißen, wie wir alle, vielfach aus eigener mehr oder weniger leidvoller Erfahrung, wissen. Sie brauchen sich also nicht zu scheuen, dort nachzufragen, weil sie fürchten, als Spinner abgetan zu werden. Im Gegenteil. Meditation gilt heute in unserer aufgeklärten und so sehr aufs angeblich Reale festgelegten Welt als realer und realitätsbezogener Beitrag zu einer gesundheitlichen Prophylaxe, die obendrein Kosten im Gesundheitswesen einspart, welche ohne Nachhilfe oder Mithilfe von Meditation entstehen würden. Andernfalls würden Krankenkassen kaum auf die Idee kommen, solche Kurse zu bezahlen. Wenn Sie, statt einen Kurs zu besuchen, einfach zu Hause meditieren, ist diese Art der Vorbeugung sogar gänzlich kostenlos, abgesehen davon, dass Sie ein paar Kleinigkeiten anschaffen sollten, die aber finanziell nicht ernsthaft ins Gewicht fallen. Das ist das Schöne: Meditation ist billig, das billigste Heilmittel, das es gibt.

Meditation ist das bestmögliche mentale Training

Religiöse Dinge spielen beim Meditieren anders als früher prinzipiell keine Rolle mehr, es sei denn, Sie selbst legen Ihrer Meditation einen religiösen Aspekt bei, was Sie selbstverständlich tun können. Nötig ist es nicht. Früher wurde Meditation nur in engem Zusammenhang mit unterschiedlichsten Religionen gesehen, was sie vielen Menschen suspekt, verdächtig gemacht hat. Sie wurde sogar als von Religion komplett getrennt für undenkbar, für nicht machbar gehalten. Manche Menschen betrachten Meditation, ob mit oder ohne religiösen Bezug, immer noch als nutzlose und überspannte Esoterik. Ganz falsch, sagen Hirnforscher, die sich ernsthaft mit der Thematik beschäftigen. Meditation ist ein mentales Training, das zu einem gesünderen Selbstbewusstsein, zu einer besser ausgebildeten Selbstwahrnehmung führt, und damit die Selbstheilungskräfte des Körpers stärkt. Wir kommen später verschiedentlich auf den Zusammenhang zwischen Medizin und Meditation zurück. Religion müssen Sie dafür nicht praktizieren; Sie müssen sie aber natürlich auch nicht ausschließen. Spiritualität können Sie jedenfalls erfahren auch abseits von kirchlichen Symbolen, Anlagen oder Organisationen.

Es gibt freilich jede Menge Berichte von Orten, an denen Menschen nach eigener Aussage Kraft tanken können, weshalb sie gerne Kraftorte genannt werden, und sie sind erstaunlich oft an religiöse Stätten gekoppelt. Klostergärten oder Kreuzgänge wie der im Schweizerischen Basler Münster zum Beispiel, oder der Hügel nahe dem Kloster auf dem Dreifaltigkeitsberg oberhalb Spaichingen (Deutschland, Landkreis Tuttlingen), oder die Basilika im Kloster Beuron im Donautal, oder oder oder... Was eine Kirche, gleich, ob er religiös ist oder nicht, für ihren Besucher bedeuten kann, hat der Brand der Kathedrale Notre Dame in Paris gezeigt. Hunderte, vielleicht Tausende Menschen sind heulend vor ihrer (beinahe) Ruine gestanden, und nicht wenige, wie aus den Berichten zu entnehmen war, deshalb, weil sie sich an spirituelle Erlebnisse in dieser Kirche erinnerten. Auch religiöse Stätten und / oder gezielte Meditation an solchen Orten, kann Ihr Selbst, Ihre Seele stärken und damit letztlich heilend wirken. Egal, wie Sie zu Ihrer oder zu irgendeiner anderen Religion stehen: Diese Beobachtung, dass Meditation nicht notwendigerweise mit Religion zu tun hat, sei immerhin weitergegeben. Wie immer gilt es selbst auszuprobieren, eigene Erfahrungen zu machen.

Meditieren braucht vor allem eines: Sie!

Zum Meditieren benötigen Sie nicht viel. Gut wäre eine besondere Meditationsmatte, im Optimalfall eine original japanische Tatami. Wie bei anderen Details ist es aber auch hier so: Notwendig ist es nicht. Eine Tatami wäre übrigens das Teuerste an Equipment, was Sie anschaffen würden, das und vielleicht ein spezieller Meditations-Anzug, den Sie in einschlägigen Studios oder im Internet bekommen können. Es gibt solche Anzüge für wenig Geld, aber in etwas luxuriöserer Ausführung auch für ein-, zweihundert Euro. Da sie dazu beitragen, die Atmosphäre beim Meditieren noch etwas zu verdichten, ist solche besondere Kleidung durchaus zu empfehlen. Wenn Sie sie ausschließlich zum Meditieren benutzen, werden Sie feststellen, dass Sie sich darin besonders wohlfühlen. Allein schon durch dieses äußerliche Symbol grenzen Sie sich von Ihrem Alltag ab und beginnen einen Weg, auf dem Sie, sobald Sie sich hinsetzen, vorübergehend - nein,

nein: nicht die Welt verlassen oder gar in Ekstase geraten! Das ist es nicht, wo wir und Sie hinwollen. Die oder der Meditierende nimmt seine Umgebung viel aufmerksamer und schärfer wahr, als er es sonst im Alltag tun würde. Vielmehr machen Sie sich, etwas vereinfacht ausgedrückt, mental frei, lernen, mit störenden Einflüssen, die Ihr Leben bisher auf so lästige Art bestimmt haben, besser fertig zu werden, sie gelassener anzunehmen und sie nach und nach von sich aus zu dirigieren, statt sich von ihnen dirigieren oder gar hetzen zu lassen.

Immer schön locker bleiben!

Haben Sie keine besondere Kleidung für Ihre Meditation, dann genügt es, wenn Sie einfach lockere, leichte Sachen benutzen, einen nicht eng sitzenden Trainingsanzug beispielsweise, wie Sie ihn zum Joggen anziehen, falls Sie das tun. Nebenbei bemerkt, kann auch Joggen oder einfach nur Spazierengehen ganz leicht zu Meditation umfunktioniert werden. Es ist bei näherem Hinsehen ein rein innerer Prozess. Die Kleidung muss, wie gesagt, locker sein, sie darf keinen Gürtel enthalten, der Ihre Bauch- oder Lendengegend einschnürt, weil sonst das Wichtigste beim Meditieren nicht funktionieren kann: das richtige Atmen. Wenn auch keine besondere Matte zur Hand ist - es muss gar keine Tatami, keine Reisstrohmatte, sein, es gibt auch einfache und gute Modelle aus anderen Materialien -, dann benutzen Sie einfach eine große, möglichst flauschige Decke, die Sie mehrmals falten und sich darauf setzen können. Diese Unterlage soll fest genug sein, um Ihnen Halt zu geben. Wenn Sie darin einsinken wie in ein Daunenbett, kommen Sie nicht zum Ziel. Sie sollte andererseits so weich sein, dass Ihre Füße und Knöchel nicht schmerzen, während Sie sitzen. Richtig: sitzen! Denn obwohl Sie, wie gesagt, auch laufend meditieren können, ist die am meisten bevorzugte Methode das Sitzen. Hin und wieder wird gefragt, ob Meditieren vielleicht auch im Liegen funktionieren könnte. Ja, natürlich. Es gibt sogar Schulen, die gezielt Übungen im Liegen lehren. Aber widmen wir uns weiter den gebräuchlichsten Methoden und Ihren ersten Schritten auf diesem für Sie vermutlich noch neuen Weg. Andere, weiterführende, können Sie später machen. Jetzt geht es erst einmal um die Grundlagen.

Das Wichtigste außer dem Atem ist Ruhe

Nehmen Sie Schmuckstücke, auch Piercings, ab, legen Sie Ihre Armbanduhr weg, ziehen Sie Ihre Schuhe aus, falls Sie welche anhaben sollten. Tragen Sie allenfalls leichte weiche Sneakers oder etwas in der Art. Am besten ist es, einfach nur in Socken auf die Matte zu gehen.

Bevor Sie sich nun aber hinsetzen und meinen, loslegen zu können, empfehlen wir Ihnen, ein paar grundlegende Vorbereitungen zu treffen. Eine ist ein schön gestaltetes Eckchen in Ihrer Wohnung, frei von überflüssigem Schnickschnack. Außerdem sollte es, weil Sie leichter bekleidet sind als sonst, etwas wärmer sein als üblich, ungefähr ein bis zwei Grad. Eine andere Vorbereitung ist, dafür zu sorgen, dass Sie während Ihrer Sitzung ungestört bleiben. Also Handy aus und weg damit, am besten auch die Türklingel abstellen. Wenn Sie nicht in vollkommener Stille sitzen möchten, können Sie sich leise, ausschließlich instrumentale Meditationsmusik besorgen, wie Sie sie vielleicht schon in der Sauna gehört haben werden. Leise Musik kann meditative Erfahrungen unterstützen. Die meisten Techniken, wie sie von unterschiedlichsten Schulen gelehrt werden, kommen ohne aus. In vielen wird selbst leise Musik als störend empfunden. Schließlich wird in fast allen von ihnen angestrebt, den Meditierenden sich ganz auf sich selbst konzentrieren zu lassen, so dass er sich von allem außerhalb befreit und im Idealfall zwar seine Außenwelt wahrnimmt, sich aber in letzter Konsequenz für die Dauer seiner Sitzung nur mit sich, seinem Inneren, seiner Seele beschäftigt. Das ist der Ort, zu dem Sie beim Meditieren gelangen wollen: Ihre Seele. Wenn Sie diese Reise antreten, die Reise zu Ihrer Seele, dann sind Sie - logisch, oder? - auf der Reise zu Ihrem Selbst, zu Ihrem Selbst-Bewusstsein. Dort werden Sie womöglich zum ersten Mal bewusst sich selbst treffen, was gar nicht selbstverständlich ist, wie Sie bei dieser Gelegenheit erfahren werden. Dann stehen Sie unvermutet Ihrem Selbst, dem Kern Ihres Wesens, gegenüber und nehmen sich als etwas von der Umwelt Abgesondertes wahr. Dort begegnen Sie Ihrem Selbst-Bewusstsein, das Sie von Ihrer Umgebung unterscheidet und zu einer eigenen, individuellen, einzigartigen und nicht nachahmbaren Persönlichkeit macht. Warum dieses einzigartige Ich nicht mögen, warum es nicht lieben?

Einfach ist Meditation anfangs nicht

Wenn der Raum, den Sie für Ihre Übungen herrichten, schön gestaltet ist, ist das wunderbar, aber überflüssige optische Reize außer vielleicht einem hübschen Bild oder einem Blumenstrauß sollten Sie dann doch besser aus dem Blickfeld bringen, denn jedes Detail kann Sie leicht ablenken. Mit zunehmender Praxis wird sich das nach und nach legen, doch am Anfang wird es Ihnen erfahrungsgemäß schwerfallen, sich so zu konzentrieren, dass Dinge, die Sie um sich herum sehen oder hören, Sie nicht ablenken. In der Tat: Meditation ist anfangs nicht leicht. Aber lassen Sie sich nicht abschrecken. Schwieriger als das Meditieren-Beginnen an sich - auch das werden Sie schnell herausfinden -, ist das konsequente Weitermachen. Sich auf den Weg begeben ist das eine, ihn weitergehen ist etwas anderes. Unterwegs stehenbleiben hat aber keinen Sinn. Irgendwann, irgendwo kommt der point of no return. Wenn Sie den überschreiten und dann trotzdem aufhören, also sozusagen umkehren wollen, könnte es dafür zu spät sein. Schwer zu sagen, was Sie dann alles zerstören oder jedenfalls verlieren! In aller Regel wird es aber so sein, dass Sie schon bald jede einzelne Minute zunehmend als Wohltat empfinden werden, und nach einer Weile, wenn Sie Ihre ersten Durchhänger überwunden haben, wird Ihre Meditation ein wichtiger, buchstäblich unverzichtbarer Teil Ihres Lebens sein. Damit nähern Sie sich nach und nach dem, was Ihr Ziel ist: Ihr Selbst-Bewusstsein, nachdem Sie es einmal kennengelernt haben, wächst, und Sie werden mutiger und widerstandsfähiger, mental ebenso wie körperlich.

Nach diesen wenigen Vorbereitungen sind Sie im Prinzip startklar. Nur Sie selbst fehlen sozusagen noch, Sie und Ihr Entschluss, was für einer Meditationsform Sie sich zuwenden möchten. Das ist der heikelste Punkt, denn die Zahl der angebotenen Meditationstechniken ist riesig. Ganz am Anfang, noch bevor Sie irgendetwas getan haben, stehen Sie vor einem Dilemma, welches dadurch noch vergrößert wird, dass es keinen rechten Sinn hat, hier 'mal etwas auszuprobieren und dort 'mal reinzuschnuppern. Im Extremfall würden das mindestens die Kirchen Synkretismus nennen, und die Kirchen wissen sehr gut, warum sie etwas gegen einen solchen religiös-mythisch-mystischen Selbstbedienungsladen haben. Wenn Sie im Supermarkt plan- und ziellos in jedes Regal greifen, ist es reiner Zufall, wenn Sie zuhause das beisammen haben, was Sie für eine gute Mahlzeit brauchen. Von dem einen haben Sie viel zu viel, aber das Wichtigste, um das ausgesuchte Rezept zubereiten zu können, wird wahrscheinlich fehlen.

Auch wenn Sie keine engere Bindung an eine Kirche (mehr?) haben: Ständiges Herumhüpfen in der Angst, Sie könnten das Richtige verpassen, bringt nichts. Sie werden immer daran vorbeihüpfen. Schauen Sie sich eine Zeit lang um, setzen Sie sich dann in einigen stillen Minuten hin und überlegen: Das gefällt mir - das gefällt mir nicht. Natürlich dürfen und sollten Sie sich mit möglichst vielen Meditationsformen vertraut machen, gerade anfangs, wenn es darum geht, sich für eine davon zu entscheiden. Haben Sie sich aber für eine entschieden, sollten Sie nach Möglichkeit dabei bleiben. Sie verursachen sonst nur ein mentales Kuddelmuddel in sich, und die Übungen, denen Sie sich hingeben, werden kaum einen nennenswerten Erfolg erzielen. Sich vieles anzusehen und auch 'mal kurzfristig auszuprobieren, ist etwas anderes. Wer vieles kennt, dem bleibt wenig fremd. Alles Fremde ist es, was Menschen aus ihrer inneren Veranlagung heraus ablehnen. So ist der Mensch von der Evolution gestrickt. Ablehnung alles Fremden und deshalb bedrohlich Wirkenden ist von Natur aus zunächst einmal reiner Selbstschutz. In der Politik wird diese simple Erkenntnis häufig übersehen. Also: Ruhig vieles näher ansehen - aber sich möglichst bald für eine Richtung entscheiden und dann dabei bleiben (freundschaftliche Kontakte zu allen anderen, die Sie bis dahin kennen gelernt haben, natürlich beibehalten!) Dann sind Sie immer auf ein und demselben Weg und können die Orientierung nicht mehr verlieren.

Plötzlich wachte er auf, und die Welt war ganz anders...

Einige der vielen überlieferten Meditationsformen und vor allem ihre Herkunft verdienen eine wenigstens kurze Schilderung: Als im 19. Jahrhundert die ersten von ihnen im Westen bekannt wurden - fast alle, aber nicht alle stammen aus Asien -, handelte es sich vor allem um solche aus dem Hinduismus und dem Buddhismus. Die ältesten bekannten Traditionen sind die des Hinduismus, wobei es vermutlich schon vorher, vielleicht auch gleichzeitig, in anderen Ländern Meditationspraktiken gegeben hat. In Ägypten war dies beispielsweise der Tempelschlaf, der auch in griechischen Tempeln praktiziert wurde, im Allgemeinen in Zusammenhang mit dem Befragen von Orakeln, welche durch Vermittlung von Priestern die Träume des Schlafenden deuteten. Der Tempelschlaf wurde sogar schon im 4. Jahrtausend v. Chr. von den Sumerern für therapeutische Zwecke eingesetzt. Der Hinduismus allerdings war so sehr mit dem

Kastenwesen und einem sich herrisch gebärdenden Priestertum verbunden, dass seine Meditationsformen die Menschen nicht wirklich erreichten, sondern sich mit der Zeit als leerer Formalismus erwiesen. Zu Beginn, Hunderte Jahre vorher, mag das anders gewesen sein. Inzwischen war der Hinduismus am Erstarren wie erkaltende Lava nach einer vulkanischen Eruption. Um 500 vor Christus war es unter anderem die kalte Menschenferne dieser Religion, denn damals war Meditation noch engstens an die jeweilige Religion gekoppelt, die den indischen Prinzen Siddharta Gautama zu der Einsicht brachte, dass das ganze Leben, welches er und die Menschen um sich herum führten, völlig falsch war und trotz hübscher Gebetsübungen und anderem Krimskrams dem irdischen Dasein verhaftet, total verkrustet war und keinerlei geistigen oder seelischen Gewinn brachte. Die Götter, von Vishnu bis Krishna und wie sie alle hießen, blieben lieber unter sich, so wie auch die griechischen Götter sich vorzugsweise mit ihresgleichen beschäftigten und die Menschen bei Gelegenheit einfach nur als Spielmaterial einsetzten. Eben jene Menschen dagegen blieben an ihre irdische Umgebung gekettet, ihren täglichen Zwängen verhaftet. bemerken Sie die Parallelen zum oben über Sie Geschriebenen? Erinnert uns das nicht an unsere gesamte heutige, nicht nur die westliche, Gesellschaft und Lebensform?

Nicht jeder Erwachte verabschiedet sich ins Nirvana

Den jungen Prinzen, der eher Sohn eines wohlhabenden Kaufmanns gewesen sein dürfte, überkam die Erkenntnis der Falschheit der Welt und seiner Art zu leben der Überlieferung nach wie ein Donnerschlag, wie eine göttliche Eingebung, oder wie immer Sie das nennen wollen. Jahrelang, bis er erwachsen war, hatten ihn seine Eltern von seiner Umgebung abgeschirmt, um ihm Schmerz und Ernüchterung über den Zustand der realen Welt draußen zu ersparen. Mit einem Mal wachte er auf und sah die Dinge, wie sie wirklich sind, was sicher eine blumig ausgeschmückte Legende sein wird, aber offenkundig einen realen Kern hat. Daher kommt sein Name: Buddha ist im Sanskrit, der damals auf dem indischen Subkontinent weithin gebräuchlichen Sprache, 'der Erwachte' (vom Verb budh = aufwachen abgeleitet). Siddharta Gautama ist nicht der einzige Buddha geblieben. Theoretisch kann es unzählige Buddhas geben, was Siddharta ja auch nach allgemeiner Ansicht erreichen wollte, was aber, konsequent bis zum Ende gedacht, einen seelischen Prozess bedingt, den nur wenige bewältigen. Sehr viel mehr Menschen, die auf dem Weg zur wahren Erkenntnis sind, bleiben, oft sogar ganz bewusst, als Bodhisattwas, als Helfer, bis zu ihrem physischen Tod im irdischen Leben bei den Menschen auf der Erde, so die buddhistische Anschauung. Wie viele Menschen, die überzeugt sind, fundamentale Erkenntnisse erfahren zu haben (Mose, Christus, Mohammed, um nur drei der bekanntesten zu nennen), begann Buddha, anderen Menschen davon zu erzählen und sie also zu lehren. Was er lehrte, war eine neue, eine andere Art, über sich und die Welt nachzudenken und also zu 'meditieren'. Freunde machte er sich damit nicht überall, aber auch der Mann Jesus, den sie den Christus (griechisch 'ho christós' = der Gesalbte) nannten, uns heute mehr im Sinne von 'der Erlöser' geläufig, hat sich zu seinen Lebzeiten bekanntlich nur wenige Freunde gemacht und ist sogar für seine Überzeugungen gestorben. Soweit kam es mit Buddha nicht. Im Gegenteil: Trotz Gegnerschaft von verschiedenen Seiten fielen seine Ideen auf fruchtbaren Boden bei vielen, die sich ihm als Schüler beigesellten, und bald verbreitete sich das, was wir seitdem als Buddhismus kennen, durch ganz Ostasien, bis nach China und später nach Japan, wo heute noch die meisten und strengsten buddhistischen Schulen und Tempel zu finden sind. Speziell in Japan entstand, was im 19. Jahrhundert von den wenigen Europäern, die damals bereits das Land bereisen durften, fasziniert als Zen-Buddhismus in den Westen gebracht wurde. Im jüdischen Talmud gibt es, was das 'Erwachen' angeht, eine interessante Parallele. Die Geschichte handelt von einem Weisen, der sich elf Jahre lang in eine Höhle zurückzieht und dort - im weitesten Sinne - meditiert. Er ernährt sich von den Früchten eines Baumes am Höhleneingang, und er trinkt Wasser aus einer Quelle in der Höhle. Nach diesen elf Jahren verlässt er die Höhle und tritt ins Freie. Da, so heißt es, erkennt er, dass er ein besonderer Mensch ist, aber die Welt anders. Er zieht daraus allerdings andere

Schlüsse als Buddha und wird so wütend über die Unsinnigkeit der Welt, dass er die Felder draußen verwünscht und damit verbrennt. Da fährt Gott ihn an: "Bist du nur aus deiner Höhle gekommen, um meine Welt zu zerstören?", und er schickt ihn ein weiteres Jahr in seine Höhle zurück. Anscheinend lernte er daraus, aber das vollkommene Erwachen wie Buddha war dem Weisen, wie es scheint, nicht vergönnt.

Immer mehr Fahrzeuge - fast wie im Straßenverkehr

In unseren Tagen, wo sich der Buddhismus über die halbe Welt verbreitet hat, existiert eine kaum zu überblickende Menge von Schulen und sogenannten 'Fahrzeugen', die einander durchaus nicht immer freundlich gesinnt sind. Insofern hat Buddha genauso versagt wie Jesus, dessen Nachfolger bekanntlich auch nur mäßig freundlich miteinander umgehen.

Der Hinduismus versteinerte weiter, und das so sehr, dass sich in den 1960-er Jahren ein Angehöriger dieses Glaubens, A. C. Bhakti Vedanta Srila Prabhupada, dazu veranlasst sah, eben diesen Glauben gewissermaßen aufzubrechen, ihn wie einen Steinbruch für einen Neubau zu verwenden, und ihn somit grundlegend zu renovieren, ohne ihn gleichzeitig von seinen Ursprüngen zu lösen. Damit hätte er ihn zerstört und eine neue Religion gegründet, und genau das wollte Prabhupada anders als einige seiner 'Mitbewerber' eigentlich nicht. Bei näherem Hinsehen ist es dennoch dazu gekommen. Mit dem ursprünglichen Hinduismus hat der neue Krishna-Glaube nur noch wenig zu tun. Prabhupada wollte den alten Glauben so zeigen, 'wie er wirklich ist', weshalb er seine monumentale Übersetzung der für ihn wichtigsten religiösen Schrift nannte: 'Die Bhagavadgita, wie sie (wirklich) ist.' In Indien wenig bis gar nicht erfolgreich, wanderte er in die Vereinigten Staaten von Amerika aus, wo er zuerst in New York, später in Kalifornien lehrte, wie einst Buddha oder später Jesus in ihrer jeweiligen näheren Umgebung. Dort, in der Studentenszene der aufgewühlten 1968-er Jahre, stieß er unerwartet auf lebhafte Resonanz, und in den Jahrzehnten darauf verbreitete sich mitsamt der Hippie-Bewegung die Hare-Krishna-Bewegung, wie sie sich nannte, über ganz Amerika und anschließend quer durch Europa. Auch wenn die Euphorie der frühen Jahre in letzter Zeit etwas abgeebbt ist, so sind die Krishna-Devotees doch noch immer präsent, auch in Deutschland, und könnten schon deshalb bei Gelegenheit eine Renaissance erfahren, weil sie mit ihrer Liebe zu Menschen und Tieren, und nicht zuletzt mit ihrer eigenen vegetarischen Küche den Vorstellungen von immer mehr Menschen hierzulande entgegenkommen, wie es sich lohnen könnte, zu leben - wirklich zu leben! Die

Kochbücher der Krishnas stehen teilweise kostenlos downloadbar im Internet. Andere kann man relativ preiswert in ihren Tempeln, etwa in München oder in Abenteuer bei Trier, erwerben. Das Meditieren der Krishnas besteht übrigens vorwiegend im 'Chanten', dem Singen bestimmter Lieder und vor allem des Namens Krishnas, des Hare-Krishna-Mantras. Wer es kennt, weiß es in der Regel zu schätzen.

Bekannt geworden sind gerade seit jenen unruhigen Jahren auch andere religiös inspirierte, letzten Endes aber bereits teilweise oder ganz von einer Religion abgenabelten Bewegungen wie der Bhagwan des Mannes, der Osho hieß und sich selbst zum 'Guru' ernannt hatte. Er pflegte - und seine Nachfolger tun dies bis heute - einen ausgesprochen exzessiven Meditationsstil, der einen beinahe dem Leistungssport gleichzustellenden körperlichen Einsatz von den Übenden verlangt. Seine Auffassung war, dass sich göttliche Energien auf diese Weise hin zu bestimmten Organen im menschlichen Körper steuern lassen, um dort eine wohltuende - heilende! - Wirkung auszuüben. Die meisten, zumal die älteren Traditionen des Ostens, sind das anders angegangen. Es gibt Berichte von Meistern, die es fertiggebracht haben sollen, beim Meditieren in aller Stille ihren Körper zu verlassen, ihren Geist in den himmlischen Sphären zu erneuern und anschließend in den Körper zurückzukehren. Was sie oder er davon halten soll oder will, bleibt der Leserin und dem Leser selbst überlassen. Vor Jahren ist in einer Fernsehshow einmal ein deutscher Zen-Meister, von denen es nicht viele gibt, aufgetreten und hat dort fröhlich verkündet, das könne er auch: mit seinem Geist durch die Fontanellen hinaus und auch wieder hinein. Die oder der eine oder andere wird sich vielleicht noch an diesen Auftritt erinnern. Etwas weniger spektakulär soll der Auftritt eines Meisters in einem tibetischen Kloster vor mehreren Jahrhunderten gewesen sein. Er verkündete eines Tages seinen erschütterten Schülern, die ihn sehr liebten, dass er sich nun zurückziehen werde, um die irdische Welt zu verlassen, was er dann auch tat. Nachdem er sich dafür Ungestörtheit erbeten und sich von ihnen verabschiedet hatte, fanden seine Schüler Tage später seinen Leichnam, aufrecht sitzend, frei von jedwedem Verwesungsgeruch, als würde er noch immer meditieren, in seinem Raum, wo sein Geist den nun nicht mehr nötigen Körper verlassen hatte. Durch die Fontanellen? Wer weiß...

Durch Ekstase zum Kontakt mit dem Göttlichen?

Während Ekstase oder andere exotische Erscheinungen wie das vorübergehende

Verlassen des Körpers heute kaum noch angestrebt werden, weil Meditation nach jetzt verbreiteter Auffassung und nach medizinischen Einsichten eher das Gegenteil erreichen soll, waren und sind bis heute manche Religionen und manche Meditationsformen von genau dieser Erscheinung gekennzeichnet: Ekstase. Bekanntestes Beispiel dürften die Derwische sein, die sich im Tanz in ihren weit ausladenden weißen Kleidern bis in völlige körperliche Erschöpfung hineinsteigern und auf diese Weise nach ihrer Auffassung in Kontakt mit dem Göttlichen kommen. Auch über diese und ähnliche Bewegungen ist freilich die Zeit ein Stück weit hinweggegangen. Gerade die Derwische, noch vor hundert Jahren eine ernst zu nehmende (im Geheimen auch politisch agierende) Gruppierung, treten schon lange vorwiegend nur noch als Folkloretruppe auf. Dass allerdings Tanz sehr wohl meditative Wirkung haben kann, zeigen Erfahrungen aus zahlreichen

Gruppen, auch in Deutschland, die sich dieser oft als ganz wunderbar bezeichneten Gemeinschaftserfahrung widmen. Es muss ja nicht gleich Ekstase bis zur Erschöpfung und bis zum körperlichen Zusammenbruch sein, wie dies unter anderem bei manchen afrikanischen Stammesriten üblich ist, und den angeblichen oder tatsächlichen Kontakt mit göttlichen Sphären stellen wir vorsichtshalber auch ein wenig zur Seite. Es darf gerne jede und jeder seine eigenen Erfahrungen machen. Dafür sind diese Dinge schließlich da. Wenn's gut tut - gut!

Meditative Praktiken sind auch aus Zentralasien (Stichwort: Schamanismus) bekannt, später bei den Indianern Nordamerikas wiederzufinden. Aber auch in Europa waren schon im Altertum durchaus Meditation zu nennende Riten anzutreffen. Wie anders sollte man nennen, was germanische Stämme oder im späteren Frankenreich, damals noch römische Provinz, gallische Druiden vollführten, von Irland oder den Skoten auf der britischen Insel ganz zu schweigen? Über Bräuche anderer Völker, sei es auf dem Balkan, in Afrika oder Australien, auch in Südamerika, ist wenig Brauchbares bekannt, was aber eventuell nur an mangelnden (vor allem schriftlichen) Befunden liegt oder daran, dass Fremde nicht zu den jeweiligen Riten zugelassen wurden oder werden. Von afrikanischen Stämmen ist immerhin manches über ihre Medizinmänner berichtet geworden. Detailliert beschrieben worden sind solche Rituale von Völkerkundlern immer wieder einmal. Letztlich haben sie aber das breite Interesse kaum jemals erreicht. Mit Meditation, so ließe sich aus dem, was gelegentlich berichtet worden ist, schließen, hat das nach unserem Verständnis ohnehin wenig zu tun. Es ist jedenfalls davon auszugehen, dass überall auf der Welt, seit der Mensch so etwas wie ein Selbst-Bewusstsein hat und nachdenken kann, meditative Praktiken gang und gäbe waren und sind. Wo allerdings keine Realien verfügbar sind, seien es schriftliche Relikte, seien es gegenständliche - wie soll man da etwas erkennen oder nachweisen, zumal, wenn auch die Völker in der näheren Umgebung keine Hinweise geben, und wenn sogenannte 'Oral History', das sind mündliche Berichte von Zeitzeugen, die bei einem bestimmten Ereignis dabei waren, nicht verfügbar ist? Dass viele Bräuche allerorten nicht unbedingt mit dem kongruent sind, was wir Heutigen unter Meditation verstehen (siehe die erwähnten afrikanischen Riten), ist eine andere Sache. Die älteste Abbildung eines offensichtlich meditierenden Menschen ist ungefähr 7.500 Jahre alt und wurde von Archäologen im Indus Tal gefunden. Die ältesten Zeugnisse von Selbst-Bewusstsein freilich sind viel älter. Denken wir an die Höhlenmalereien nicht nur, aber unter anderem, in den Grottes Chauvet in Südwestfrankreich, in den Pyrenäen, wo Menschen in Kontakt - meist wohl auf der Jagd - mit Tieren zu sehen sind, in bewundernswerten Szenen, die unter anderem eines zeigen: dass sich diese Menschen ihres Selbst bewusst waren und damit ihres Verschiedenseins von den Wesen in ihrer Umgebung, seien es tierische oder menschliche. Vieles deutet darauf hin, dass das, was wir heute als Selbstbewusstsein bezeichnen, Zehntausende von Jahren alt ist, wie alt genau, werden wir nie erfahren. Klar scheint nur, dass es irgendwann eine Art evolutionären Quantensprung gegeben hat. Ohne ihn wäre die menschliche Rasse möglicherweise nicht zu dem geworden, was sie heute ist oder zu sein glaubt.

Meditation gab es niemals nur im fernen Osten

Wenn wir uns beim Thema Meditation gedanklich auf die östlichen Religionen und Traditionen beschränken, übersehen wir geflissentlich, dass solche Traditionen in Wirklichkeit nie auf den Osten beschränkt waren. Das Thema fand nur, von den beiden großen Kirchen jahrhundertelang für ihre Zwecke kanalisiert, nie ein nennenswertes Interesse in Europa. Natürlich, was gelegentlich übersehen wird, gab und gibt es bis heute Meditationsformen und -praktiken auch in jüngeren, auch westlichen Religionen und Kulturen wie dem Christentum. Bekannt sind mittelalterliche Mystikerinnen und Mystiker wie Hildegard von Bingen, die sich, wie wir wissen, neben ihrer Tätigkeit als Wissenschaftlerin und Ärztin auch der mystischen Schau bediente, wobei sie wie kein anderer diese scheinbar so grundverschiedenen Bereiche in erstaunlicher Klarheit vereinte. Bei ihr wie früher bei den chinesischen Meistern passt zwischen die mystische Erkenntnis in der Meditation, der Rolle der Ernährung und der Selbstheilungskräfte des Menschen kein noch so dünnes Blatt! Oder denken wir an Meister Ekkehard. Ähnlich ist es mit dem Islam, was vielen hierzulande nicht ernsthaft bewusst ist. Die aus dem Sufismus kommenden Derwische haben wir schon erwähnt. Sie sind aber in der islamischen Welt keineswegs die einzigen Mystiker, weder früher noch heute, und auch das Judentum kennt mystische und meditative Strömungen, wobei Mystik und Meditation zwar nie kongruent, also deckungsgleich, sind, einander aber immer ein wenig überlappen. Was in der Allgemeinheit noch weniger bekannt ist, ist die Tatsache, dass sich im Laufe der Jahrhunderte, wenn nicht Jahrtausende, alle religiösen und philosophischen Traditionen immer gegenseitig befruchtet haben. So hatten Hinduismus und Buddhismus erkennbaren Einfluss auf die jüdische Gedankenwelt, nachvollziehbar hier und da in jüdischen Schriften, und mit anderen Religions- und Kulturkreisen ist es nicht anders. Dass Ihnen, wenn Sie sich hinsetzen, über Ihren Bewusstwerdungs- und Selbstheilungsweg hinaus mystische Erfahrungen vielleicht nicht 'erspart' bleiben, mag durchaus sein. Ans Kreuz genagelt oder auf dem Scheiterhaufen verbrannt werden Sie dafür heute nicht mehr. Wollen wir jedenfalls hoffen...

Meditieren - wie funktioniert das eigentlich?

Es gibt, wie beschrieben, unterschiedliche Methoden, zu meditieren. Sie können meditieren im Sitzen, im Stehen, im Gehen und im Liegen, und, wenn Sie das wollen, sogar auf dem Kopf. Das ist dann aber eher Yoga. Die meistgebräuchliche Art zu meditieren findet im Sitzen statt, und zwar auf einer dafür geeigneten Unterlage auf dem Boden. Da es viele Menschen gibt, die körperlich nicht dazu in der Lage sind, die in diesem Zusammenhang üblichen Sitzhaltungen einzunehmen, sei darauf hingewiesen, dass Sie genauso gut im Sitzen auf einem Stuhl oder auf der Bettkante meditieren können. Dieses Meditieren auf der Bettkante hat sich mittlerweile sogar zu einer eigenen Schule entwickelt. Auf die Technik an sich kommt es letztlich nicht an. Entscheidend ist ihr Impetus, das, was Sie antreibt. Ihr Ziel erreichen können Sie auf dem einen oder auf ganz vielen anderen Wegen. Gehen wir aber der Einfachheit halber im Folgenden von einer klassischen Methode, der des Zen, aus, ohne allerdings dessen Begleiterscheinungen mit zu berücksichtigen, denn klassisches Za-Zen, wie das genau heißt, ist für die meisten im Westen aufgewachsenen und sozialisierten Menschen außerordentlich anstrengend und kann zumindest anfangs körperliche Schmerzen verursachen, die bis hin zu Tränen- und Wutausbrüchen führen können. Darüber gibt es einige interessante Schilderungen, unter anderem von einer Amerikanerin, die als allererste Frau überhaupt vor einigen Jahrzehnten zum Zen-Studium in einem Kloster in Japan zugelassen wurde. Sie berichtete hinterher von unglaublichem Leiden, von Schlägen des Meisters, der während der Übungen hinter den Adepten herumging, ihre Körperhaltung begutachtete und bei falscher Haltung ziemlich grob mit einem Stock zuschlug, zumeist auf die Schultern. Außerdem tat die ihr ungewohnte Sitzhaltung ihren Knöcheln, ihren Beinen, ihrem ganzen Körper unsäglich weh. Ziemlich kalt, weil bei geöffneten Fenstern und Türen in einer offenen Halle sitzend, was auch ihre männlichen Kollegen nur mit unterschiedlichem Erfolg ertrugen, war es im Winter auch noch. Manche der Herren werden vielleicht nur ausgeharrt haben, um sich vor der Frau aus dem Westen nicht zu blamieren. Sie hielt durch, alle üblicherweise jeweils zwanzig Minuten dauernden Sessions, dreimal am Tag, und erntete nach mehreren Jahren, wie berichtet wird, zu ihrem eigenen Erstaunen ziemliche Anerkennung. Das alles mag unsinnig grausam oder einfach nur unsinnig anmuten, ist es aber bei näherem Hinsehen nicht. Wie weiter oben bemerkt, ist gutes Meditieren nicht ganz einfach. Richtiges Sitzen im Za-Zen ist anfangs eine Qual, die aber, perfektioniert, zu einer hohen Kunst werden kann. Anders ausgedrückt: Sitzen, zumal auf der Tatami, ist kein Zuckerschlecken. Wir können es noch einfacher formulieren: Meditieren erfordert ein gewisses Maß an Disziplin und Selbstbeherrschung. Genau das haben die meisten Menschen, die sich als Anfänger erstmals auf die Matte begeben, im Allgemeinen eher nicht. Wenn sie es tun, wenn Sie es tun, werden Sie feststellen, dass Sie wie jene Amerikanerin plötzlich vor einer grundlegenden Entscheidung in Ihrem Leben stehen: ja - oder nein.

Schreien Sie es in die Welt: Ich bin frei!

Kleiner Tipp, was abseits der eigentlichen Meditation Ihr weiteres Erleben angeht: Stellen Sie sich 'mal aufrecht hin, die Beine gestreckt, das Kreuz zum Hohlkreuz gereckt, die Arme sprunghaft nach oben ausgestreckt - und rufen Sie laut, ganz laut: "ja!" Das mag Ihnen, wenn Sie das so lesen, albern vorkommen, geradezu kindisch, aber das ist es nicht. Wenn Sie es einmal gemacht haben, wenn Sie sich einmal dazu überwunden haben, werden Sie einen befreienden Effekt bemerken. Es mag sein, Sie scheuen sich anfangs ein bisschen. Versuchen Sie es trotzdem noch einmal. Es muss ja niemand anders in der Nähe sein... Bezwingen Sie sich! Breiten Sie Ihre Arme, Ihren ganzen Körper aus, und rufen Sie, ja schreien Sie laut aus: "ja!" Sie haben es getan? Toll! Ist Ihnen etwas aufgefallen? Bevor Sie in der Lage sind, laut zu rufen, zu schreien, müssen Sie zuerst tief eingeatmet haben, sonst geht das gar nicht. Das ist ein Punkt, den Sie sich an dieser Stelle für später merken sollten. Haben Sie 'es' getan, dann dürfen Sie gerne ein wenig in sich zusammensinken. Sie werden trotzdem feststellen, dass diese an sich so unscheinbare und so merkwürdige, manchem zunächst peinlich wirkende Handlung etwas in Ihnen bewirkt. Es ist so ähnlich wie das Sich-Aufwärmen von Leistungssportlern vor dem Wettkampf. Es löst Verkrampfungen. Sobald Ihnen das zum ersten Mal gelungen ist, werden Sie erkennen, dass Ihr Körper und nicht nur Ihr Körper auf einmal ganz anders reagiert als bisher, lockerer, gelöster, geschmeidiger. Sie hätten genauso gut schreien können: "Ich bin frei!" Es wäre aufs Gleiche hinausgekommen, aber ein simples kurzes "ja" ist doch viel einfacher - und völlig ausreichend.

Wie schon Salomo gesagt hat: Alles hat seine Zeit

Ziemlich sicher alle Meditations-Techniken kommen, wie beschrieben, aus irgendeiner Religion. Das muss uns heute nicht mehr berühren, wenn wir nicht wollen. Es ist eine noch nicht allzu weit verbreitete Idee, aber immer mehr Menschen sind der Auffassung, dass wir dabei sind, die Religionen hinter uns zu lassen, sie gewissermaßen zu beerben. Wir haben ihnen, ob wir wollten oder nicht, während Jahrtausenden gedient; Jetzt dienen sie und ihre Hinterlassenschaften im besten Falle uns. In spiritueller ebenso wie in anderer Hinsicht sind Menschen heute emanzipierter als früher. Leuten, die fanatisch auf Befolgung ihrer und nur ihrer Religion bestehen, stehen aufgeklärte Persönlichkeiten mit leicht erklärbarem Abstand gegenüber, und dazu brauchen sie keine Bahai zu sein (siehe weiter unten). Wir wissen die alten Errungenschaften, das teils uralte Wissen, durchaus zu schätzen, aber im Islam, im Judentum und ebenso im Christentum gibt es mittlerweile nicht nur Einzelne, sondern nicht wenige offizielle Amtsträger, die darauf hinarbeiten, dass ihre verschiedenen Religionen doch, bitte, einander anerkennen und also miteinander arbeiten statt sich gegenseitig befeinden sollten. Der Anspruch, die einzige und allein wirkliche Wahrheit zu besitzen, bleibt Fanatikern und Extremisten vorbehalten, auch wenn es - hoffentlich vorübergehend - zurzeit manchmal anders aussieht. Vielleicht, im besten Fall, ist das der Sturm vor der Ruhe anstelle der Ruhe vor dem Sturm.

Eines sollten wir uns im hier gegebenen Zusammenhang bewusst machen: Alle Religionen haben schon immer von einer grundlegenden Tatsache gewusst: dass der

Mensch in seinem Alltag Rhythmen und Riten braucht, wenn er nicht irgendwann förmlich durchdrehen oder 'versumpfen' will, was unsere Altvorderen sicher anders ausgedrückt hätten.

Gemeint ist: Auch wenn Sie sich mit Meditation beschäftigen, sollten Sie sich angewöhnen, das zu möglichst immer wieder gleichen Zeiten zu tun (den Sinn von Rhythmen und Riten haben uns, es sei gerne eingeräumt, die verschiedenen Religionen beizubringen versucht). Es macht keinen Sinn, heute am Vormittag ein paar Minuten zu sitzen, dann zwei Tage Pause zu machen, und ein andermal am Abend ein Viertelstündchen meditative Erbauung einzuschalten. Damit erreichen Sie gar nichts. Das werden Sie dann auch schnell merken und die Meditation wieder aufgeben. Umsonst all' die Liebesmüh'. Dabei wollten Sie doch auf diesem Weg zu Selbstliebe und Selbstheilung und zur Liebe Ihrer Mitmenschen gelangen. So ähnlich war es doch gedacht, oder nicht? Wir haben es weiter oben schon einmal angeschnitten: Sie müssen sich durchaus entscheiden: ja oder nein! Manche Menschen haben von vornherein ein kraftstrotzendes Selbstbewusstsein und brauchen vielleicht solche wie die hier angebotenen Hilfen nicht. Es könnte allerdings sein, dass gerade bei solchen Menschen ihre scheinbare Selbstsicherheit längst tatsächlich in das umgeschlagen ist, was wir vermeiden möchten: in schieren Egoismus. Ich bin, ich habe Recht. Ich werde zu dem von mir angestrebten Erfolg kommen. Das muss nicht so sein, aber eine gewisse Skepsis gegenüber scheinbar allzu selbstsicheren Menschen ist durchaus angebracht. Kein Mensch (denken Sie darüber ruhig ein wenig nach) geht ohne Risse, Brüche, Kratzer, Widersprüche etc. durchs Leben. Wirklich gesundes Selbstbewusstsein entsteht dort, wo die oder der Betreffende anfängt, sich selbst anzusehen und alle Facetten seiner selbst wahrzunehmen und sie zu akzeptieren. Denken Sie an den Anfang zurück, an jene Pfarrerin und ihr Konzept des Scheiterns: Niemand braucht einen Superhelden - aber es ist auch gar niemand dazu in der Lage, ein Superheld zu sein oder zu werden. Superhelden haben übernatürliche Kräfte. Sie können vom Planeten Krypton auf die Erde fliegen und zurück. Der Mensch, der ganz normale Mensch, kann das nicht. Er muss sich damit abfinden, weder in diesem noch in einem anderen Leben jemals übernatürliche Kräfte entwickeln und als Superman oder Wonder Woman wirken zu können. Was er lernen kann und sollte, ist, mit seinen naturgegebenen Kräften und Eigenheiten klarzukommen, auch mit seinen manchmal als solche betrachteten Absonderlichkeiten. Nietzsche sei damit endgültig abgehakt! Zum Übermenschen wird einer auf der Matte nicht, und das ist auch nicht der Sinn der Sache. Es genügt, wenn einer sein wahres und unverbrüchliches Menschsein aus sich heraus freilegt und unbeschwert lebt, vielleicht freudigen Blickes in den von Schäfchenwolken überzogenen Himmel. Das können Sie meditierend lernen.

Riten und Rhythmen: Beginnen Sie, Ihren Alltag etwas zu strukturieren, und beginnen Sie, darauf zu achten, dass Ihnen nicht immer und immer wieder andere ihre Rhythmen aufzwingen. Andererseits soll natürlich auch die Meditation Ihr künftiges Leben nicht beherrschen. Ein Stück weit bestimmen durchaus, in Einklang mit Ihrem freien Willen, aber beherrschen: nein. Mit einer gesunden Struktur Ihres Alltags und damit Ihrer Meditation sind Sie die Herrscherin oder der Herrscher Ihres Lebens. Auch das ist eine Erfahrung, die Sie bald machen werden, wenn Sie sich auf dieses Experiment einlassen. Sie werden parallel dazu erfahren, wie gut das tut. Sie werden lernen, dass Sie nicht mehr fremdbestimmt sind, sondern nach Ihren eigenen Entscheidungen leben - stets im Einklang mit den Bedürfnissen oder Erfordernissen Ihrer Umgebung, Ihrer Mitmenschen. Sie werden - und das ist etwas, was viele Menschen in ihrem ganzen Leben anders niemals erreichen - Sie werden lernen, wenn Ihnen gerade etwas nicht in den Kram passt, um es einmal so einfach auszudrücken, "nein" sagen zu können. So wie Sie vorhin gelernt haben, geradezu euphorisch "ja!" zu sagen, und zwar hauptsächlich zu sich selbst, ebenso können und werden Sie lernen, "nein!" zu sagen, und zwar zu anderen, ohne ein schlechtes Gewissen zu haben, denn genau das ist eines der Dinge, die Sie von jeher traktieren. Ich kann doch nicht, ich darf doch nicht... Doch, Sie können, und Sie dürfen. Erst und nur dann, wenn Sie das können, sind sie in sich selbst gefestigt. Erst dann sind Sie stark, baumstark. Dann haut Sie irgendwann nichts mehr um, und dann besitzen Sie auch endlich die Kraft, mit anderen auf gleicher Wellenlänge zu kommunizieren und ihnen gegebenenfalls sogar zu helfen. So lange Sie nicht aus Ihrem Hamsterrad herauskommen, werden Sie das kaum jemals schaffen. Sobald Sie es aber können, ist gleichzeitig die Motivation da, es auch wirklich zu tun. Das können Sie tatsächlich beim tatenlosen Herumsitzen auf der Matte oder auf einer Decke lernen. Probieren Sie es aus!

Riten und Rhythmen werden Ihnen helfen

Wichtig ist, dass Sie sich bestimmte Zeiten am Tag für Ihre Sitzungen reservieren, möglichst nicht nur eine, sondern besser zwei, im Idealfall sogar drei, und dass Sie diese Sitzungen dann auch wirklich regelmäßig absolvieren. Für drei Sitzungen reicht den meisten Menschen die Zeit nicht, schon deswegen, weil wir tagsüber fast alle bei der Arbeit sind, meistens außer Haus und oft genug auch noch in einem anderen Ort. Unsere im allgemeinen berufsbedingte Flexibilität, die uns einen Haufen Zeit für das Hin und Her zur und von der Arbeit aufzwingt, unsere Mobilität raubt uns jede Menge Zeit, die wir eigentlich für uns selbst bräuchten. Mit zweimal Sitzen am Tag sind Sie aber gut bedient. Anfangs werden es sicher nur fünf Minuten sein. Im Laufe der Zeit können und sollten Sie die Dauer Ihrer Sessions auf bis zu zwanzig Minuten steigern. Wenn Sie das ein wenig kontrollieren wollen, spricht nichts dagegen, sich einen Wecker zu stellen und dann tatsächlich so lange sitzen zu bleiben, bis er klingelt. Das sei oberflächlich? Keineswegs. In jedem Zen-Kloster läutet nach Ablauf der Zeit, die eine Session dauert, eine Glocke, und alle Mönche, Schüler zumal, sind heilfroh, wenn es soweit ist. Aber wir wollen es etwas lässiger angehen. Dennoch ist eine gewisse Zeitkontrolle nicht schlecht, weil sie Ihnen

Sicherheit gibt, weil Sie sich keine Gedanken machen müssen, ob das nun wirklich ausgereicht hat. Natürlich sehen Sie, ohne den Wecker gestellt zu haben, anschließend, wie spät es ist, und wie lange Sie es ausgehalten haben. Aber mindestens am Anfang werden Sie ohne Wecker feststellen, dass Sie das innerlich während des Sitzens beschäftigt, mehr als es sollte. Wenn Sie einfach nur ruhig vor sich hinsitzen können und nichts Sie anficht, dann sind Sie zu beglückwünschen und brauchen eigentlich kaum noch irgendeinen Rat oder eine Hilfe. Dann sind Sie womöglich längst in der Lage, Ihrerseits anderen zu helfen.

Bestimmte Rituale, die Sie sich zurechtlegen können, wenn Sie noch eher am Anfang stehen, werden Ihnen helfen. Das kann damit anfangen, dass Sie sich zu einer bestimmten Zeit des Tages eine schöne Tasse Tee zubereiten und sie zusammen mit einem leichten Keks genießen, schon in Vorfreude auf das nachfolgende Session. Das kann damit anfangen, dass Sie sich nach und nach für Ihre Sitzung umkleiden, sich mit diesem oder jenem Detail auf ihre Meditation vorbereiten. Dass Sie passende Musik, wenn Sie welche zu Hilfe nehmen möchten, aussuchen. Es gibt viele solche Kleinigkeiten, mit denen Sie sich auf diese besonders kostbaren Minuten Ihres Tages einstimmen können.

Der Moment, an dem der Frosch ins Wasser springt

Irgendwann kommt dann der Moment, an dem es losgeht. Der Moment, an dem Sie sich, hoffentlich schon innerlich ein wenig gelassen, hinsetzen. Es gibt, wie Sie sicher wissen, verschiedene Sitzformen und Handhaltungen. Sie sind von Land zu Land und von Schule zu Schule verschieden. Lassen Sie sich nicht irritieren und sich von niemandem etwas einreden: Auf das

Ergebnis Ihrer Meditation, auf Ihre Meditation insgesamt, hat es nicht den geringsten Einfluss, welche Haltung Sie wählen, welcher Schule Sie folgen. Sie sollten es nur konsequent tun (siehe oben). Wichtig ist etwas anderes, und das ist allen Schulen gemeinsam. Wichtig ist, richtig zu atmen. Um dies tun zu können, bedarf es vor allem einer Voraussetzung: Sie müssen gut geerdet sein, und das wiederum können Sie in jeder beliebigen Sitzhaltung erreichen, sei es auf der Matte, sei es auf einem Stuhl oder auf der Bettkante. Richtige Erdung erzielen Sie, indem Sie ganz genau senkrecht sitzen. Dabei anlehnen gilt nicht! Sie müssen Ihren Körper bewusst in aufrechte Haltung bringen und sich im Laufe Ihrer Sitzung auch immer wieder einmal daraufhin überprüfen, ob Sie noch gerade sitzen. Wenn nicht, dann ist das im Zen-Kloster einer dieser Augenblicke, in denen Sie den Stock des Meisters auf dem Rücken oder im Nacken zu spüren bekommen. Ohne einen solchen freundlichen Lehrer müssen Sie von sich aus auf dieses kleine, aber sehr wichtige Detail achten. Dieses Gerade-Sitzen ist deshalb wichtig, weil es gewährleistet, dass die Kräfte, die Sie aktivieren wollen, ungehindert durch Sie hindurchfließen können. Das klingt sicher etwas überspannt. Es sachlicher zu beschreiben, fällt allerdings schwer. Stellen Sie sich vor, Sie seien ein Rohr, durch das Wasser fließt. Wird es gekrümmt oder gar geknickt, behindert das den Fluss des Wassers oder staut es sogar. Es ist nicht schwer einzusehen, dass dies nicht das ist, was wir erreichen wollen. In der Meditation verhält sich der menschliche Körper wie ein Katalysator, der scheinbar selbst unbeteiligt Vorgänge auslöst und befördert, welche dann die eigentlich angestrebte Wirkung erzielen. Panta rhei - alles fließt, heißt es schon bei einem griechischen Philosophen der Antike.

Auch über die Fragen, ob es besser ist, mit offenem Mund zu meditieren oder mit geschlossenem, ob lieber mit (halb) offenen Augen oder geschlossenen, ob mit oder ohne Musik (siehe oben), gehen die Anschauungen weit auseinander. Letzten Endes ist es eine Frage des persönlichen Geschmacks. In manchen Schulen sitzt der Meditierende nach Möglichkeit im halben oder ganzen Lotussitz. Es funktioniert aber auch einfach nur im Knien auf den Fersen sitzend. Unterschiedliche Länder pflegen unterschiedliche Sitz- und Handhaltungen. Bei dieser hier, die wir näher zu schildern versuchen, sind die Hände so ineinandergelegt, dass die Daumen aufeinander zu liegen kommen. Dies ist eine sogenannte geschlossene Fingerhaltung. Die 'gefalteten' Hände ruhen im Allgemeinen ungefähr auf Höhe des Bauchnabels. Den Bauch einengen dürfen sie dabei nicht, weil sie sonst die Atmung, das 'Bauchsegel', beeinträchtigen. Daneben gibt es offene

Haltungen, bei denen die Handrücken beispielsweise auf den einfach im Schneidersitz gespreizten Beinen abgelegt werden und Daumen und Zeigefinger eine Art 'O' bilden. Das ist die Hand- und Fingerhaltung, die inzwischen im Westen am häufigsten zu finden sein dürfte. Nebenbei bemerkt, bereitet die Sitzhaltung auf dem Po, mit angezogenen, gespreizten Beinen, Menschen im Westen die geringsten Probleme, während Sitzen im vollen und selbst im halben Lotussitz für im Westen aufgewachsene Menschen meistens schwierig, oft völlig unmöglich ist. Wer das nicht von klein auf gelernt hat und gewöhnt ist, wird es als Erwachsener nur unter größten Schwierigkeiten schaffen, wenn überhaupt. Auf eines sollten Sie unbedingt achten: Ihr Po, wo wir gerade bei diesem Thema sind, sollte, selbst im Schneidersitz, nicht auf der Decke oder Matte aufsitzen. Er sollte etwa zehn bis fünfzehn Zentimeter höher zu liegen kommen als Ihre Füße und

Unterschenkel, weshalb es sich empfiehlt, ein dickes Kissen oder eine eigene, dick zusammengelegte Decke als Kissenersatz zu benutzen. Ohne einen solchen erhöhten Sitz wird es Ihnen kaum gelingen, den Rücken gerade zu halten und die notwendige Erdung zu erzielen. Außer im Schneidersitz, bei dem das nicht funktioniert, sollten bei allen Sitzhaltungen die Knie, sofern möglich, den Boden bzw. die Matte oder Decke berühren. (Meditation im Liegen, falls Sie dies ausprobieren möchten, ist ein Sonderfall, für den alle diese Bemerkungen natürlich keine Gültigkeit haben, bis hin zur Erdung).

Ihr Körper beschwert sich: Ich bekomme nicht genug Luft!

Sind Sie soweit? Dann sind Sie beinahe am Ziel, oder besser gesagt: am Anfang Ihrer Meditationskarriere. Denn da ist er nun, der 'Moment, an dem der Frosch ins

Wasser springt': Sie sitzen endlich, haben sich gut geerdet, schließen vielleicht die Augen, wenn nicht ganz, dann zumindest zur Hälfte. Sie haben zweifellos schon unzählige Bilder von Buddhafiguren oder anderen Meditierenden in dieser Haltung gesehen. Es wird Ihnen kaum gelingen, vom ersten Atemzug an 'richtig' zu atmen. Vielmehr werden Sie ein Weilchen brauchen, bis Ihr Atem, der immer noch in Ihrem Alltag herumhechelt, zur Ruhe kommt. Wir atmen alle viel zu schnell und zu oberflächlich. Nicht wenige unserer körperlichen Beschwerden haben nachweislich mit diesem Umstand zu tun. Mit jedem Atemzug aber, den Sie jetzt nach und nach bewusst tun, wird die 'Schlagzahl' langsamer, und Sie werden fühlen, wie Ihnen das gut tut. Sie atmen ein, und zwar relativ scharf und so tief wie möglich. Atmen Sie in den Bauch hinein, und behalten Sie Ihren Atem dort. Anfangs wird das nur eine Sekunde sein. Dann lassen Sie den Atem aus Ihrem Körper entweichen, dies aber anders als beim Einatmen so langsam wie nur möglich. Hören Sie dieses sanfte Säuseln? Es klingt wie ein leichter Wind, der Sie von irgendwoher sacht umstreicht. So soll es sein. Sie atmen aus, so tief Sie können, und auch dann halten Sie wieder ein wenig inne, vielleicht ebenfalls eine Sekunde, bevor Sie erneut rasch, scharf und tief einatmen. Sie werden feststellen, dass es Ihnen mühelos gelingt, schon nicht mehr nur eine, sondern vielleicht zwei, vielleicht sogar drei Sekunden lang den Atem anzuhalten, ohne sich dazu zwingen zu müssen. Was östliche Meister seit Jahrhunderten wissen und lehren, ist nach und nach von westlichen Kollegen nachempfunden und zuletzt sogar nachgewiesen worden. Der Atem der in Europa und allgemein im Westen lebenden Menschen ist viel zu schnell und zu flach. Er erfüllt die Funktion nicht, die er erfüllen müsste, das ist, den Körper mit ausreichend Sauerstoff zu versorgen. Dass unser Körper im Alltag nicht genügend Sauerstoff erhält, ist die Ursache vieler körperlicher Mangelerscheinungen und ernsthafter Erkrankungen. Das hier beschriebene Atmen führt erstaunlicherweise zum genauen Gegenteil von dem, was wir erwarten würden: Durch das zwar langsame, aber viel tiefere Einatmen wird dem Körper deutlich - und deutlich messbar! - mehr Sauerstoff zugeführt als durch das von den meisten von uns praktizierte 'Hecheln'. Es gibt eine Reihe von Erkrankungen, die in asiatischen Ländern, wo dieses Bewusstsein von jeher weiter verbreitet ist als bei uns, deutlich seltener auftreten als hierzulande, bis hin zu Krebserkrankungen. Vielleicht haben Sie es überlesen, aber da ist es wieder, das Wort 'Bewusstsein', das Sie an dieser Stelle ruhig mit 'Selbst-Bewusstsein' gleichsetzen dürfen.

Vollständige Leere ist die wirkliche Fülle

Sie meditieren also. Tun Sie es mit (halb) geöffneten Augen, dann konzentrieren Sie Ihren Blick konstant auf einen bestimmten Punkt vor sich auf der Matte oder Decke, und versuchen, ihn nicht aus den Augen zu verlieren. Kann sein, es fällt Ihnen nach einer Weile auf, dass Sie den Blick Ihrer Augen derart heftig konzentrieren, dass Sie gewissermaßen zu schielen anfangen. Für einen Moment macht das nichts. Sie werden sogar den Eindruck haben, dass sich Ihr Konzentrationsvermögen und ihr inneres Erleben dadurch noch weiter erhöht. Auf Dauer ist das aber nicht gut für die Augen, die Sie sich ja nicht kaputt machen wollen. Also sollten Sie Ihren Blick ähnlich wie Ihre Körperhaltung bei Bedarf gelegentlich korrigieren. Ihr Kopf bleibt jedenfalls aufrecht oder höchstens ein klein wenig nach vorne geneigt. Während Sie sitzen und Ihren Blick auf diesen einen Punkt fokussieren, hören Sie in sich hinein.

Meditieren Sie mit geschlossenen Augen, hören Sie noch deutlicher in sich hinein. Das ist ein Argument, das für das Sitzen mit geschlossenen Augen spricht. Der Nachteil ist, dass Sie leicht die Konzentration verlieren statt sie zu fördern, und mehr oder weniger einschlafen. Genau das soll aber nicht passieren. Im Gegenteil. Wie weiter oben bemerkt, soll die Meditation Sie zwar ein Stück weit aus dem Alltag herausrücken - was nichts mit Ekstase zu tun hat -, aber Sie werden dabei lernen, Ihre Umgebung genauer, schärfer wahrzunehmen als sonst, während Sie im Alltag kaum einen Blick, kaum Gehör für Einzelheiten in Ihrer Umgebung haben. Versuchen Sie, so widersprüchlich das in diesem Zusammenhanf klingen mag, alle Gedanken, die sich Ihnen aufdrängen, wegzuschieben, zu verbannen, und so Ihr Inneres zu leeren. Ziel Ihrer Meditation ist es, leer zu werden und damit frei von jeglicher Bindung. Ihr Atem wird sich jetzt ganz von selbst weiter verlangsamen. Irgendwann werden Sie sekundenlang ohne ein- oder auszuatmen dasitzen und aufgrund Ihrer sich immer mehr verbessernden Atemtechnik Ihren Körper dennoch besser mit Sauerstoff versorgen als beim sonst üblichen Atmen. Es klingt paradox, aber es ist so. Den Sauerstoffgehalt im Blut können Mediziner messen, auch während solcher Sessions, und dass diese Behauptung stimmt, wissen wir, weil sie es immer wieder getan haben. Spätestens, wenn Sie für diesmal zum Ende kommen und aufstehen, wird Ihnen auffallen, dass Sie sich sowohl körperlich entspannter als auch geistig frischer fühlen als vorher. Die zunehmende, von allem überflüssigen Schlick gereinigte Leere in Ihrem Inneren erzeugt den Freiraum für etwas, was Sie befähigt, ganz andere Dinge wahrzunehmen und aufzunehmen als früher. In der Leere liegt die wirkliche Fülle.

Kapitel 7: Vorteile der Meditation

2.1 Spirituelle Vorteile der Meditation

Da Meditation anscheinend zuerst als religiöse Praxis entstanden ist, ist es nicht verwunderlich, dass sie spirituelle Vorteile bietet. Selbst wenn Sie Agnostiker sind oder sich als Atheisten betrachten, können Sie dennoch ein erfülltes spirituelles Leben führen. Einige der Vorteile der Meditation in dieser Hinsicht sind:

- Eine verbesserte Fähigkeit, Dinge zu relativieren, unwichtige Dinge zu verwerfen und sich auf das Wesentliche zu konzentrieren.

- Ein größeres Gefühl des Friedens in Bezug auf den eigenen, bescheidenen Platz im Universum (was wiederum die Versuchung verringert, ein ego-angetriebenes Leben zu führen).

- Eine klarere Zielsetzung, die Beziehungen, Berufswahl und das tägliche Leben beeinflusst.

- Erhöhtes Mitgefühl für andere und die damit verbundene Fähigkeit, sich in Menschen hineinzuversetzen, da Sie sich Ihrer grundlegenden Ähnlichkeiten bewusst werden.

- Ein Gefühl der Einheit zwischen Geist, Körper und Seele, so dass Sie mehr als je zuvor mit Ihrem wahren Selbst „im Einklang" sind.

- Ein weiteres Gefühl der Einheit zwischen dir selbst, anderen und der ganzen Welt um dich herum. Dies wird manchmal als "Einheit" bezeichnet.

- Einfachere und ehrlichere Selbstakzeptanz, insbesondere wenn es um Dinge geht, die Sie nicht an sich selbst ändern können.

- Wenn Sie religiös sind, ein Gefühl der Vertiefung der Beziehung mit einer höheren Macht.

2.2 Psychische Vorteile der Meditation

Meditation hat in letzter Zeit viel Aufmerksamkeit als Instrument zur Bewältigung psychischer Probleme und zur Verbesserung Ihres emotionalen Wohlbefindens erhalten. Dies ist aus gutem Grund der Fall - zu den psychischen Vorteilen der täglichen Meditation gehören:

- Verbindung mit dem gegenwärtigen Moment auf Kosten des Nachdenkens über die Vergangenheit oder der Sorge um die Zukunft.

- Verbesserungen im Umgang mit Stress, bei der Arbeit und zu Hause

- Verminderte Angstgefühle (teilweise bedingt durch verminderte Herzfrequenz und Atemfrequenz).

- Verbesserte Fähigkeit, sich auf das zu konzentrieren, worauf Sie sich konzentrieren möchten, Renn- oder unproduktive Gedanken zu verwerfen.

- Bewährte Verbesserungen bei Depressionssymptomen. Tatsächlich hat sich gezeigt, dass Meditation bei der Behandlung von Standarddepressionen genauso wirksam ist wie Medikamente.

- Erhöhte emotionale Intelligenz. Dies bedeutet, dass Sie besser erkennen können, was Sie fühlen, es akzeptieren und es nach Bedarf regulieren können.

- Vorteile für die Beziehung, z. B. durchdachter und geduldiger zu sein, wenn Konflikte mit Ihrem Partner auftreten.

- Das Potenzial zur Überwindung von Phobien, einschließlich lebensbeschränkender Ängste (z. B. Flugangst oder Angst vor offenen Räumen).

- Erhöhte Selbsterkenntnis. Dies liegt zum einen daran, dass Sie mehr Zeit für die Selbstreflexion aufwenden, und zum anderen daran, dass Sie sich bei der Meditation ehrlich darauf einstellen, wer Sie sind und was Sie fühlen.

2.3 Körperliche Gesundheit Vorteile der Meditation

Als eine Form des mentalen Trainings verbessert Meditation das physische und psychische Kernvermögen, einschließlich Energie, Motivation und Kraft. Studien zu den neurophysiologischen Begleiterscheinungen der Meditation haben gezeigt, dass das Bekenntnis zum täglichen Üben vielversprechende Veränderungen für Geist und Körper mit sich bringen kann.

- Meditation verbessert die körperliche Gesundheit, indem sie das Immunsystem stärkt, den Hormonhaushalt reguliert und die zelluläre Entzündung verringert.

- Einige Forscher fanden heraus, dass Langzeitmeditierende mehr Chemikalien zur Bekämpfung von Krankheiten in ihrem Körper hatten als Nicht-Meditierende oder Anfänger.

- Genstudien zeigten, dass Frauen, die meditierten, fruchtbarer waren und gesündere Babys zur Welt brachten als Frauen, die dies nicht taten.

- Durch die Regulierung des sympathischen und autonomen Nervensystems kontrolliert Meditation unsere Reaktionen bei plötzlichen Belastungen und beugt

Nervenzusammenbrüchen und Panikattacken vor.

- Meditation stabilisiert die Durchblutung des Körpers und reguliert den Blutdruck, den Herzschlag, den Stoffwechsel und andere wichtige biologische Funktionen.

- Durch eine positive Veränderung des Lebensstils verbessert Meditation die Schlafqualität, fördert die Gewichtsabnahme und reduziert Müdigkeit.

Kapitel 8: Was ist Meditation?

Meditation ist im 21. Jahrhundert und der westlichen Zivilisation kein unbekannter Begriff mehr. Trotzdem gibt es für diesen Begriff keine enge Definition. Je nachdem ob der Begriff ,,Meditation" religiös oder psychologisch ausgelegt wird, kann er komplett verschieden verstanden werden. Der Begriff ,,Meditation" stammt ursprünglich von dem Wort ,,Meditatio". Meditatio bedeutet übersetzt nichts anderes als, die Neigung zur Mitte. Die Ursprünge von der Meditation gehen auf das alte Indien zurück. Sein bekanntester Anhänger ist Buddha, der sich sein ganzes Leben damit beschäftigte seine Aufmerksamkeit im Hier und Jetzt zu stärken. Zweck der Meditation war es damals die Erleuchtung zu finden und sich somit von Leid zu befreien.

Auf den heutigen Kontext bezogen sind die tiefgründigen Ziele der Meditation ähnlich.

In der Psychologie wird die Meditation in Kombination mit verschiedenen Atemtechniken als Entspannungsmethode eingesetzt. Menschen erhoffen sich durch tägliche Meditation mehr Fokus zu gewinnen und dem Alltagsstress entgehen zu können.

Beim Meditieren wird vor allem der kognitiv-affektiven Bereich des Gehirns beansprucht, der zu mehr Entspannung und Ruhe verleitet. Die vermehrte Präsenz im Moment kann den Einzelnen auch dabei helfen effektiver zu arbeiten und zum Beispiel physische Krankheiten wie Migräne oder ständige Kopfschmerzen zu heilen.

Der Sinn einer Meditation ist es als stiller Beobachter im Hier und Jetzt zu sein.

Das Ziel ist es nicht Gedanken und Gefühle zu unterdrücken, sondern sie durch eine Distanz zu beobachten. Beim Meditieren geht es nicht darum irgendein Ziel oder eine bestimmte Absicht zu haben.

Solche Einstellungen können sich bei der Meditation sogar kontraproduktiv auswirken. Es geht vielmehr darum anzunehmen, was im Moment ist und auf einen zukommen wird. Durch diese Einstellung kann sich der Bewusstseinsraum im Gehirn erweitern.

Ein Großteil der Menschen denkt, fühlt und handelt nämlich nicht mit seinem vollen Bewusstsein, so wie es viele annehmen würden. Der größte Teil unserer Gedanken, Gefühle und Handlungen entspringt aus unterbewussten Mustern.

Sehr oft bestimmen Gewohnheiten wie wir handeln und uns im Anschluss fühlen.

Auch wenn viele Menschen denken, dass die selbstbestimmt handeln und die Kontrolle über ihre Gefühle haben könnten, sieht es in der Realität oftmals anders aus.

Gefühle kontrollieren sehr oft den Menschen, anstatt andersherum. Die Meditation kann helfen dieses Muster zu durchbrechen und mehr Bewusstsein und Kontrolle in das eigene Leben zurück zu holen.

Kapitel 9: Die Geschichte der Meditation

Im Großen und Ganzen gibt es die Meditation schon sehr lange. Früher war sie eher ein sehr streng behütetes Geheimnis der Religionen und war nur für die Elite von Mönchen, Nonnen und Priestern vorgesehen. Sie mussten erst einige Prüfungen durchlaufen und wurden dann mit den Geheimnissen der Meditation ins Vertrauen gebracht.

Die ersten Formen der Meditationen gab es als Trancereisen in der Welt der Schamanen. Sie setzen diese mächtigen und spirituellen Wege ein um die Persönlichkeit vieler Menschen weiterzuentwickeln und mithilfe eines veränderten Bewusstseins bei den Menschen tranceähnliche Zustände zu erreichen. Die Schamanen setzten viel

Rhythmik durch Trommeln, tanzen und singen für die Meditation ein.

Durch diese Praktik wurden meditative aber auch tranceähnliche Zustände herbeigeführt die durch verschiedene halluzinogene Substanzen unterstützt wurden. Somit erlangte derjenige die Möglichkeit seinen Körper zu verlassen und in eine andere Sphäre der Geistlichkeit und Weisheit zu gelangen. Sie konnten damit heilende und magische Fähigkeiten für ihr Stammesvolk mitbringen. Diese Schamanen wurden auch oft als Medizinmänner zurate gezogen und galten nicht letztlich auch als Vermittler zwischen der menschlichen und der geistlichen Welt.

Vor mehr als 5000 Jahren meditierten und kultivierten die sogenannten Yogis und heiligen Männer bereits in Indien. Das überliefern die frühesten indischen Schriften. Die Priester dort wurden mit hoch konzentrierten Gesängen und Ritualen verärgert. Ihre Gebete waren Meditationsformen aus Kombinationen von Atmung und Fokussierung auf das göttliche.

Diese Spiritualität entwickelte sich aus zwei verschiedenen meditativen Traditionen die in Indien praktiziert wurden: dem Yoga und dem Buddhismus.

Im klassischen Yoga ging es im zweiten Jahrhundert nach Christus darum, einen Bewusstseinszustand zu erreichen, der über dem Wach sein, Träumen und Tiefschlaf hinausgeht und in dem das menschliche Denken aufhört. Es ist die Vorstellung von einem völligen aufgehen in einem Objekt über das derjenige Yogi meditiert hat.

Im Buddhismus ist die Meditation ein zentral verankerter Bestandteil. Sie ermöglicht dem praktizierenden, aus einem intellektuellen Verständnis die persönliche Lebenserfahrung und das herauskristallisieren des eigenen Ichs. Buddha lehrte, dass es sehr wichtig ist für den Menschen eine Einsicht in die wahre Natur der Existenz zu haben um somit auch erkennen zu können auf welche Art der Geist das Leiden erzeugt.

Gegen Ende des ersten Jahrtausends wurde der Buddhismus auch nach Japan, Tibet und China getragen und bildete eine Symbiose mit den dortigen Religionen. So schlossen sich der Taoismus und der Buddhismus zum Zen zusammen. Dabei geht es um eine nicht objektgebundene Meditation. Die Welt der materiellen Dinge wird durchbrochen und der Einblick in die wahre Natur der Existenz und die Erfahrung der Erleuchtung werden immer präsenter.

Obwohl viele Menschen Meditation eher als eine fernöstliche Praktik einstufen möchte ich dieses widerlegen. Auch das Christentum führt Meditationen durch.

In der christlichen Meditation geht es darum in einem Gebet zentriert zu sein. Dieses lässt sich auf Jesus zurückführen, der in der Wüste fast 40 Tage fastete und betete.

Thomas Keating, ein katholischer Pater, beschreibt dieses Gebet so:

In der göttlichen Gegenwart werden der Geist und das Herz geöffnet, in dem mithilfe eines symbolhaften selbst gewählten Wortes das Herz gereinigt wird und somit zu einem Vehikel für die transformierende Kraft von Gott wird.

Auch werden Passagen der Heiligen Schrift immer wieder wiederholt und rezitiert wobei niemand diese analysiert oder darüber nachsinnt. Dieses Verfahren gleicht ebenfalls der Meditation mithilfe eines Mantras. Das Ziel dabei ist, dass der

Geist geöffnet wird und ihm die tiefere Bedeutung dessen enthüllt werden kann.

Das Judentum hat das Ziel mithilfe der Meditation durch die konzentrierte Wiederholung eines bestimmten Mantras näher an Gott zu gelangen und mit ihm in eine Symbiose zu gelangen. Die rezitierten Mantras stammen aus der Thora und dem Talmud.

So verbreitete sich die Meditation aus den verschiedenen Religionen und kulturellen Hintergründen heraus und wurde immer beliebter und populärer. Die Meditation gewann auch in der Bevölkerung immer mehr Zuspruch, so dass auch jetzt ohne Religiosität meditiert wird.

Kapitel 10: Warum meditieren?

Wir haben also eine Idee bekommen, was Meditation ist. Doch, warum sollten wir meditieren?

Wie schon in der Einleitung erwähnt, hat Meditation viele Vorteile. Wir können uns wie auf Knopfdruck beruhigen, können einer Stress-Situation mit Klarheit entgegnen, können unseren Alltag dadurch besser und stressfreier gestalten. Doch was geht noch einher?

Zum einen hilft uns Klarheit Entscheidungen zu treffen. Wir können ein Problem objektiv betrachten und so schneller zu einer konstruktiven Lösung kommen. Wir können Gefühle mit Objektivität betrachten und dadurch verhindern, andere Menschen mit unserem Verhalten zu verletzen, wenn wir uns wütend fühlen.

Wir können unsere Gefühle besser kontrollieren. Wie schon erwähnt sind die meisten Gedanken, die wir haben negativ, d.h. je mehr wir denken, desto schlechter fühlen wir uns, weil unsere Gedanken unsere Gefühle bestimmen. Wenn wir lernen weniger zu denken und mehr in der Welt draußen zu leben, werden wir achtsamer. Wir hören plötzlich genauer, wie die Vögel zwitschern und bemerken Details, die wir vorher nie sehen konnten. Es öffnet sich uns eine neue Ebene.

Aus der wissenschaftliche Perspektive, konnte man feststellen, dass meditieren Angst und Depressionen reduziert und Schmerz-Toleranz verbessert. Das Default Mode Network, eine Region im Gehirn, ist aktiviert, wenn das Gehirn eine Verschnaufpause hat und fördert Gedächtnis, Selbsterkenntnis und hilft einen dabei, Ziele aufzustellen.

Eine wissenschaftliche Untersuchung, die die Gehirne von Meditierenden und denen, die es nicht tun, verglich, zeigte, dass die Region des Gehirns, die für die Empathie zuständig ist, bei Meditierenden ausgeprägter ist. Außerdem wurden die Gehirnwellen gemessen, wobei festgestellt wurde, dass Personen die regelmäßig meditieren mehr Alpha-Wellen ausstrahlen, was negative Gefühle reduziert.

Eine Studie zeigte, dass Meditieren die Form des Gehirns verändert. Bei der Untersuchung eines 8 Wochen langen Meditationsprogramms wurde festgestellt, dass die grauen Zellen, die für Lernen, Gedächtnis und Gefühlskontrolle zuständig sind, nach dem Programm dichter waren. Wobei die Region zuständig für Stress, Blutdruck und Angst zurückgegangen ist.

Bei einer Untersuchung, in der zwei Arten von Patienten (Meditierende und nicht-

Meditierende) ein Grippe-Virus zugeführt wurde, bemerkte man, dass das Immunsystem von denen die meditieren besser reagierten und mehr Antikörper produziert wurden. Es könnte selbst für die Gesundheit deines Herzens förderlich sein.

Meditation hat also mehrere große Vorteile und hilft dir nicht nur mental, sondern auch physisch. Es ändert also dein Leben zum Positiven.

Kapitel 11: Meditationstechniken

Achtsamkeitsmeditation

Herkunft und Bedeutung

Die Achtsamkeitsmeditation ist eine Meditationsübung aus dem Buddhismus. Achtsamkeit ist die übliche Übersetzung für das buddhistische Wort "Sati". "Anapanasati" bedeutet so viel wie "Achtsamkeit über die Atmung" und ist Teil der Achtsamkeitsmeditation.

Wie funktioniert diese Übung?

Achtsamkeitsmeditation ist eine Übung, in der Sie sich auf den jetzigen Moment konzentrieren und diesen akzeptieren. Sie fokussieren sich auf Ihre Wahrnehmung, Gedanken und Emotionen, urteilen aber nicht über diese. Damit meine ich, dass Sie Ihre Gedanken und Emotionen einfach betrachten sollen. Wenn in Ihnen der Gedanke aufkommt, dass Meditation langweilig ist, dann betrachten Sie den Gedanken ohne an ihm hängenzubleiben.

Bringen Sie Ihren Geist immer wieder zu Stille. Wie? Hören Sie auf zu denken. Ihre Gedanken sind nur ein Werkzeug. Sie müssen nicht denken, um zu existieren. Wenn ein Gedanke auftaucht ist das normal, doch wir hängen ihm nicht an, sondern betrachten ihn einfach nur. Wir können diesen Gedanken betrachten, weil wir kein Gedanke sind, sondern das Bewusstsein, das Gedanken wahrnehmen kann.

Diese Übung können Sie an einem beliebigen Ort durchführen, es spielt keine Rolle, ob Sie in einem Zug oder zu Hause sitzen.

Trotzdem empfehle ich Ihnen sich ein wenig Zeit zu nehmen und sich auf einen Stuhl oder auf den Boden zu setzen.

Setzen Sie sich aufrecht hin und das ohne Rückenlehne.

Konzentrieren Sie sich auf Ihre Atmung. Wenn Sie einatmen, seien Sie sich darüber bewusst, dass Sie einatmen und wie es sich anfühlt. Wenn Sie ausatmen, seien Sie sich darüber bewusst, dass Sie ausatmen.

Setzen Sie sich eine bestimmte Anzahl von Minuten. Fangen Sie klein an – 5 Minuten reichen am Anfang vollkommen – und dann arbeiten Sie sich auf 15 Minuten täglich hoch. Hierbei ist es am wichtigsten, dass Sie es täglich tun.

Ihr Geist wird von anderen Dingen wie Geräuschen, Wahrnehmungen und Gedanken abgelenkt werden. Wann immer das passiert, nehmen Sie die Ablenkung wahr (ohne darüber zu urteilen) und konzentrieren Sie sich wieder auf Ihre Atmung.

Sie müssen sich nicht auf Ihre Atmung konzentrieren, ein Objekt im Raum oder eine Emotion eignen sich auch.

Es geht in dieser Übung darum, nichts zu unserer Erfahrung des jetzigen Momentes hinzuzufügen, sondern sich auf das zu konzentrieren, was gerade stattfindet ohne uns in irgendetwas zu verlieren, das gerade aufkommt (wie einem neuen Gedanken).

Es gibt einen großen Unterschied zwischen dem Zustand in dem Sie Ihre eigenen Gedanken beobachten und dem in dem Sie einfach vor sich hindenken ohne sich dessen bewusst zu sein.

Und lernen Sie diese Übung zu genießen. Wenn Sie fertig sind, genießen Sie die spürbaren Veränderungen in Ihrem Körper und Geist.

Natürlich beschränkt sich diese Übung nicht auf kleine Zeitabschnitte, die Sie sich aus Ihrem Tag nehmen. Achtsamkeitsmeditation funktioniert auch während Sie essen, kochen oder spazieren gehen. Achten Sie darauf wie Ihre Füße beim Laufen den Boden berühren.

Dies ist sicherlich einer der besten Meditationsübungen für Anfänger.

Tiefes Atmen

Hört sich langweilig an? Ein flaches Atmen kann sich sehr negativ auf Ihr Leben auswirken. Es kann für Stress und andere negative Symptome verantwortlich sein.

Währenddessen kann tiefes langsames Atmen die Muskeln entspannen und Stress abbauen.

Wie funktioniert diese Übung?

Der Trick ist einfach. Sie atmen tief ein und langsam wieder aus, und konzentrieren sich beim ausatmen allein auf Ihre Atmung.

Diese Übung mag Ihnen anfangs langweilig erscheinen, jedoch vermag sie Sie von Ihren Gedanken frei zu machen, im Besonderen von negativen Gedanken, die Stress und Ängste in Ihnen hervorrufen.

Am Ende dieser Übung werden Sie sich entspannter fühlen.

Meditation der Liebenswürdigkeit und Güte – Die Metta-Meditation

Das Wort Metta stammt aus der indischen Sprache und steht für Güte, Wohlwollen und einen guten Willen.

Diese Meditationsübung findet ihren Ursprung in verschiedenen Buddhistischen Traditionen, im Besonderen in der tibetischen Tradition.

Sie hilft Ihnen dabei mehr Mitgefühl für andere Menschen zu empfinden; Mitgefühl dient wiederum als Quelle von positiven Gefühlen wie Liebe, Verständnis und Vergebung. In der Folge werden Sie besser mit Problemen in Ihrem Leben umgehen können.

Wie funktioniert diese Meditationsübung?

Setzten Sie sich in Ihre gewohnte Meditations-Sitzposition.

Falls Sie noch nie meditiert haben sollte, setzten Sie sich auf den Boden. Dabei können Sie ein Kissen unter Ihrem Po legen.

Gegebenenfalls können Sie sich auch einfach auf einen Stuhl setzen. Für Anfänger ist es wichtig, dass sie sich in einer bequemen Sitzposition befinden.

Schließen Sie Ihre Augen und schaffen Sie Gefühle der Güte und Liebe.

Wenn Sie anfangen diese Gefühle zu spüren, halten Sie diese einfach.

Sie können mit liebevollen Gedanken gegenüber Ihnen selbst anfangen, dann steigern Sie sich und entwickeln diese Gefühle auch gegenüber anderen Menschen.

Zuerst gegenüber sich selbst, dann gegenüber guten Freunden, dann gegenüber einer "neutralen" Person, dann gegenüber einer "schwierigen" Person, dann gegenüber allen vorherigen zusammen und dann gegenüber dem gesamten Universum.

Seien Sie sich auch darüber bewusst, dass diese Emotionen der Liebe und Güte bereits in Ihnen existieren, von Ihnen jedoch unterdrückt werden.

Es geht bei dieser Übung auch darum den Widerstand gegenüber den eigenen unterdrückten Gefühlen loszulassen. Das können wir am besten tun indem wir unser Bewusstsein auf diese Emotionen fokussieren und dort halten.

Es geht darum diese Emotionen zu fühlen und zu halten, denken Sie nicht darüber nach.

Die Konzentrationsmeditation

Wie der Name bereits vermuten lässt geht es bei dieser Übung darum, dass man sich auf etwas konzentriert.

Man kann einen bestimmten Punkt mit seinem Auge anvisieren oder sich auf ein Gefühl konzentrieren, es spielt keine Rolle worauf Sie sich konzentrieren, es darf jedoch nur eine Sache sein.

Tun Sie das solange bis Sie sich entspannt haben, natürlich können Sie die Übung nach Belieben weitermachen.

Es bietet sich auch an ein Mantra immer und immer wieder zu wiederholen.

Es geht darum sich immer wieder auf etwas zu konzentrieren, auch wenn die Konzentration abschweift bringt man Sie wieder zurück.

Können Sie sich vorstellen wie positiv sich diese Übung auf Ihr Leben auswirken wird?

Ob Sie sich bei der Arbeit länger konzentrieren können oder in einer angespannten Situation auf etwas Positives konzentrieren anstatt Negativität in sich hineinzulassen, sie werden auf jeden Fall davon profitieren.

Gleichzeitig erfordert diese Meditationstechnik sehr viel Übung. Sie werden es aber schaffen!

Seien Sie sich darüber bewusst, dass Sie sich nicht für eine Meditations-Art entscheiden müssen. Experimentieren Sie mit verschiedenen.

Geführte Meditation

Herkunft:

Die Geführte Meditation findet ihre Herkunft in unserer modernen Zeit.

Unser Leben wird immer hektischer: Wir haben unsere Arbeit, E-Mail, Smartphone, Fernsehen und werden jeden Tag mit tausenden von Werbungen bombardiert. Es gibt immer mehr Ablenkungen in unserem Leben und unsere Fähigkeit uns auf eine Sache zu konzentrieren nimmt allgemein ab.

Deswegen ist die Geführte Meditation für manchen Einsteiger eine gute Wahl. Sie ist einfacher durchzuführen, da sie weniger Konzentration und Willenskraft erfordert.

Dennoch möchte ich hinzufügen, dass man sich nicht nur der Geführten Meditation verschreiben sollte. Sie kann von großartiger Hilfe für Einsteiger sein, ist aber mittel- und langfristig gesehen oftmals weniger förderlich als die anderen hier erwähnten Methoden.

Wie funktioniert eine Geführte Meditation?

Eine Geführte Meditation kann entweder in einer Meditationsstunde von einem Lehrer geführt werden oder Sie hören sich ein Audiotape an.

Dafür können Sie einfach auf YouTube nach einer "Geführten Meditation" suchen oder sich eine Meditations-App auf Ihr Smartphone herunterladen.

In diesen Geführten Meditationen werden Sie eine gute Anleitung zum Meditieren finden, sodass Sie nicht einfach nur Tagträumen.

Es ist wichtig zu verstehen wie man meditieren soll, da man ansonsten schnell die Motivation verliert, weil man keine Erfolge erlebt. Ein weiterer Vorteil der Geführten Meditation ist, dass sie oftmals zu einer tieferen Meditation führt. Wir Menschen reagieren auf die Stimme eines anderen Menschen auf eine besondere Art. Probieren Sie es auf jeden Fall aus.

Da die Geführte Meditation für Einsteiger so gut geeignet ist, möchte ich an dieser Stelle noch genauer auf die verschiedenen Varianten der Geführten Meditation eingehen, sodass Sie ein besseres Bild davon bekommen.

Die meisten Menschen, die eine Geführte Meditation praktizieren greifen auf eine Art Hörspiel zurück, oftmals in Form von einer CD oder Podcast.

Die normale Geführte Meditation

Hier ist mehr Stille als Stimme wiederzufinden. Die Stimme des Lehrers führt Sie durch Ihre Meditation und lenkt Ihre Aufmerksamkeit. In seltenen Fällen ist diese Art der Meditation mit Musik unterlegt.

Bildliche Meditation

Bei dieser speziellen Meditationstechnik nutzen wir unsere Vorstellungskraft in vollem Maße aus. Wir stellen uns ein Objekt, einen Vorgang oder einen Ort vor. Diese Meditation wird meistens zur Heilung durchgeführt.

Ist eine geführte Meditation das Richtige für mich?

Für Anfänger kann eine nicht-geführte Meditation sehr schwer sein. Das bedeutet jedoch nicht, dass man sich der einfacheren Variante der Geführten Meditation zuwenden muss. Probieren Sie selbst aus was Ihnen besser liegt.

Wie finden Sie die richtige Meditationsmethode für sich?

Es gibt viele verschiedene Meditationstechniken aus denen Sie auswählen können. Für welche Sie sich am Ende entscheiden wird wahrscheinlich von dem Beweggrund abhängen aus dem Sie sich dafür entschieden haben mit dem Meditieren anzufangen.

Setzen Sie sich ein Ziel. Meistens ist es besser, wenn Sie sich ein Ziel setzten. Fragen Sie sich woran Sie interessiert sind. Wünschen Sie sich mehr Liebe in Ihrem Leben? Oder mehr Ruhe und Frieden?

Die Methode für die Sie sich entscheiden sollte Sie Ihrem Ziel näherbringen.

Andernfalls kann Ihnen schnell die Motivation verloren gehen.

Darüber hinaus sollten Sie sich eine bestimmte Anzahl an Minuten zum Meditieren zum Ziel setzen. Beispielsweise 20 Minuten pro Tag. Machen Sie sich das dann zu einer Gewohnheit und es wird Ihnen von Tag zu Tag leichter fallen.

Machen Sie sich keinen Kopf, wenn es Ihnen am Anfang schwerfällt, das ist normal.

Zu welcher Tageszeit sie meditieren spielt nur bedingt eine Rolle. Da es gerade am Anfang für Sie schwer seien wird mit dem Meditieren anzufangen, wäre es wahrscheinlich am besten, wenn Sie Meditationsübungen morgens durchführen. Dann besitzen Sie am meisten Willenskraft und fangen den Tag mit einem positiven und entspannenden Ritual an, das Ihren gesamten restlichen Tag positiv beeinflusst.

Entspannen Sie Ihren Geist und Ihren Körper.

Dies können Sie auch schon vor dem Meditieren tun.

Versuchen Sie sich einmal nach einem 100 Meter Spurt hinzusetzen und völlig zu entspannen. Sie werden feststellen, dass dies schwer möglich ist.

Deswegen ist es nützlich schon vor der Meditation, beispielsweise durch entspannte Musik, in einen mentalen und körperlichen Zustand der Entspannung zu begeben.

Sie sollten sich das Meditieren nicht schwerer machen als nötig, ansonsten verlieren Sie Ihre Motivation und werden nicht fähig sein das Meditieren zu einer Ihrer neuen Gewohnheiten zu machen.

Gleichzeitig sollten Sie es sich nicht zur Ausrede, dass Sie sich nicht in der richtigen Stimmung zum Meditieren befinden. Das Meditieren selbst wird Sie entspannen.

Ihr Körper und Geist sind eng miteinander verbunden. Deswegen wird sich Ihr Körper immer dann entspannen, wenn sich Ihr Geist entspannt und umgekehrt.

Kapitel 12: Meditation für Anfänger – Der Start

Damit du möglichst leicht in die Meditation startest, möchte ich dir zeigen, wie du den Einstieg so einfach wie möglich gestalten kannst. Beim Meditieren ist vor allem die Ruhe wichtig. Doch nicht nur während des Meditierens solltest du zur Ruhe kommen. Auch ist es wichtig, dass wir uns über die Stille während und nach der Meditation bewusstwerden. Auch kann es passieren, dass du dich unerwartet und ganz plötzlich im Laufe des Tages in einem Moment von tiefer Ruhe und Gelassenheit wiederfindest.

Die Meditation kann von Tag zu Tag ganz unterschiedlich ausfallen. So kannst du eine Meditation in purer Stille genießen, während die nächsten zwei Meditationen mit Gedanken an die Vergangenheit gefüllt sind. Auch die beste Anleitung kann hier nicht helfen, wenn Erinnerungen und Emotionen auftauchen und deinen Geist beherrschen. Anstatt solchen Situationen mit Widerstand zu begegnen, solltest du die Gedanken und Emotionen willkommen heißen. Akzeptiere alles, was hochkommt!

Im Laufe der Zeit wirst du sodann feststellen, dass du langsam mehr Vertrauen und Sicherheit in der Meditation aufbauen kannst. Je mehr Vertrauen du hast, umso tiefer gehst du auch in die Tiefe. Und auch anders herum ist dies der Fall: Je tiefer du gehst, umso mehr Vertrauen kannst du aufbauen. Darüber hinaus steigert sich dein allgemeines Wohlbefinden, wenn du täglich der Meditation nachgehst.

Besonders für die ersten Meditationen solltest du dafür sorgen, dass du möglichst entspannt bist. Das gilt sowohl für deinen Körper als auch deinen Geist. Kommst du gerade von der Arbeit und bist noch völlig aufgebraust, solltest du erst einmal den Stress abschütteln. Gehe eine Runde spazieren oder dehne dich etwas auf deiner Yoga-Matte. Vielleicht ist in diesem Moment aber auch eine geführte Meditation genau das Richtige? Dann kannst du schon einmal einen heimlichen Blick in das nächste Kapitel werfen!

Die Dauer und Tageszeit deiner

Meditation

Besonders am Anfang solltest du es nicht übertreiben. Einen Marathon läufst du immerhin auch nicht von einen Tag auf den anderen, sondern bereitest dich intensiv über mehrere Monate darauf vor. Ich gebe es ja zu: Das Meditieren ist kein Marathonlauf. Das heißt allerdings nicht, dass du dich nicht vorzubereiten und es langsam anzugehen hast. Dies gilt insbesondere auf die Dauer des Meditierens.

Anstatt dich direkt für 60 oder 90 Minuten zu verpflichten, die du in einer Sitzhaltung einnimmst, die du nicht gewohnt bist, solltest du es langsam angehen lassen. Starte mit einer Meditation von wenigen Minuten (z.B. 5-10 Minuten) und lasse sie von Woche zu Woche länger werden. Es ist völlig in Ordnung, wenn du in den ersten Wochen oder Monaten nur wenige Minuten täglich meditierst. Entscheidend ist, dass du es regelmäßig tust und nicht an einem Tag für 90 Minuten und die Meditation dann für die restlichen Tage ausfallen lässt.

Im Hinblick auf die Tageszeit gibt es keine perfekte Uhrzeit zum Meditieren. Dies kommt ganze auf deinen Lebensrhythmus und Alltag an. Besonders gute Meditationszeiten sind die frühen Morgenstunden sowie die Abendstunden kurz vor dem Schlafengehen. Dabei solltest du beachten, dass du kurz vorher nichts mehr gegessen hast, damit dein

Körper sich vollkommen auf die Meditation einlassen kann. Generell kannst du dich an die Morgen- oder Abendstunden halten – also generell nach deinem Schlaf richten.

Besonders morgens kommt uns Menschen noch relativ wenig dazwischen, was uns von einer Meditation abhalten könnte. Setze dich daher direkt nach dem Aufstehen hin und versuche es mit einer Meditation von ein paar Minuten. Gehe mit deinem Bauchgefühl und schaue, zu welcher Tageszeit es für dich am besten anfühlt und wie es am besten klappt. Denn es sollte schließlich auch mit der Meditation funktionieren!

Darüber hinaus solltest du die Meditation möglichst zur gleichen Zeit ausführen. Wenn es für dich morgens nach dem Aufstehen am besten passt, dann solltest du auch dabeibleiben. Je mehr Gewohnheit wir in die regelmäßige

Meditation und in die Tageszeiten bekommen, umso besser wird unsere Routine.

Das Ende deiner Meditation

Am Ende der Meditation geht es nicht darum, ein Ziel erreicht zu haben. Wichtig ist es, dass du die Ruhe in dir spürst und diese Stille mit in den Tag hineinnimmst. Denn genau darum geht es letztendlich in der Meditation: Deinen Körper, Geist und die Seele zur Ruhe zu bringen und damit auch deinen Alltag auf eine positive Weise zu beeinflussen. Vielleicht wirst du nicht direkt nach der ersten Meditation eine solche Tiefe spüren, sondern erst nach mehrmaligem Meditieren.

Im Hinblick auf die Praxis ist es wichtig, dass du am Ende der Meditation noch einen Moment innehältst. Auch wenn die offizielle Meditationszeit nun vorüber ist, bedeutet dies nicht, dass du direkt wieder in den Alltag starten musst. Nimm dir noch einen Moment Zeit, um die Stille in deiner Seele zu spüren. Wenn du dich danach fühlst, kannst du sodann langsam in den Alltag starten.

Vielleicht bemerkst du bereits nach den ersten Meditationen Unterschiede in deinem Alltag. Gehst du bewusster durch den Tag und erledigst deine Aufgaben mit mehr Liebe und Zeit? Wie siehst du andere Menschen? Wie reagierst du auf neue Situationen? Siehst du die Welt vielleicht durch neue Augen? Alles ist möglich – auch mit der Meditation!

Was brauchst du zum Meditieren?

Zum Meditieren brauchst du nichts weiter als dich und deinen Körper. Doch bestimmte Hilfsmittel können dir beim Meditieren helfen, wie z.B. ein Meditationsbänkchen oder Meditationskissen. Auf diese Weise findest du noch leichter in eine bequeme Sitzhaltung, wie z.B. den Lotussitz. Darüber hinaus kannst du auch eine Augenmaske nutzen, wenn du tagsüber meditierst und dich nicht vom Sonnenlicht ablenken lassen möchtest.

Darüber hinaus können auch Ohrstöpsel förderlich wirken, um nicht von deinen Sinnesorganen überrannt zu werden. Gehst du einer Meditationsart nach, in welcher ein Objekt gebraucht wird, solltest du dir dieses zur Seite stellen (z.B. Kerze oder Buddha-Figur).

Natürlich brauchst du einen ruhigen Platz zum Meditieren. Es bringt nämlich nichts, wenn du ständig von jemandem gestört wirst oder das Telefon klingt. Darüber hinaus können Düfte wie Räucherstäbchen oder ätherische Öle die transzendentale Wirkung erhöhen. Frisches Minzöl kann außerdem dafür sorgen, dass du in deiner Meditation wacher bist. Dies gilt insbesondere für Personen, die schnell müde werden.

Besonders in der Anfangszeit kann ein Meditations-Tagebuch helfen, um eine Routine aufzubauen. In diesem kannst du nicht nur festhalten, zu welcher Tageszeit und wie lange meditiert wurde. Auch kannst du deine Gedanken und Gefühle festhalten. Mache das Tagebuch-Schreiben nach jeder Meditation zu deiner Routine und lasse allen Gedanken, Ideen und Gefühlen freien Lauf!

Fassen wir nochmal alles zusammen, was für deine Meditation hilfreich sein kann:

- Einen ruhigen Platz.

- Ein Meditations-Tagebuch.

- Ein Meditationskissen (oder Meditationsbänkchen).

- Eine Augenmaske.

- Ein Paar Ohrstöpsel.

- Eine Kerze.

- Ein paar Düfte (z.B. Räucherstäbchen oder ätherische Öle).

Worauf du beim Meditieren achten solltest

Die nachfolgenden Tipps können dir als eine Art von Meditationsvorbereitung dienen. Wichtig ist, dass du jeden Tag mindestens 5 Minuten meditierst. Die Meditation muss also gar nicht lange dauern. Wichtig ist, dass du sie regelmäßig und in gleichen Abständen ausführst. Der Ablauf gestaltet sich immer gleich. So musst du nichts weiter tun, als deine Augen zu schließen, ein paar tiefe Atemzüge zu nehmen und dich auf deinen Geist zu fokussieren.

Gehen wir den Dingen nun auf den Grund, auf die du beim Meditieren achten solltest:

1. Regelmäßiges Meditieren

Wie eingangs erwähnt, solltest du fixe Tageszeiten haben, die du für das Meditieren in deinen Tag einplanst. Du kannst dir die Zeiten in deinen Kalender eintragen und die Meditation vor allen anderen Terminen priorisieren. Eine Meditation von 5 Minuten passt in jeden Kalender!

2. Schwingungen im Raum

Du hast richtig gelesen! Durch das Meditieren können wir die Schwingungen im Raum verändern. Daher solltest du deine Meditationen möglichst in demselben Raum durchführen und nicht ständig den Raum wechseln. Nutze den Platz in diesem Raum nur zum Meditieren. Du wirst nach ein paar Wochen feststellen, dass sich die Energie an diesem Ort positiv verändert wird!

3. Komfortable Sitzhaltung

Natürlich spielt auch die Sitzhaltung beim Meditieren eine wichtige Rolle. Es gibt verschiedene Varianten, wie du dich zum Meditieren hinsetzen kannst. Dabei ist es vor allem wichtig, dass du eine feste und bequeme Sitzhaltung einnimmst und sich die Wirbelsäule mit dem Nacken in einer Linie befindet. Unser Körper ist entspannt und die Hände liegen entspannt auf den Oberschenkeln, Knien oder im Schoß.

Hier gibt es nun verschiedene Sitzhaltungen:

- Padmasana: Lotussitz

- Ardha Padmasana: Halber Lotussitz

- Sukhasana: Schneidersitz

- Vajrasana: Fersensitz

- Sitzend auf einem Stuhl

- Liegend auf dem Boden

4. Gedanken akzeptieren

Es ist besonders am Anfang völlig normal, dass deine Gedanken von einer Ecke in die andere springen. Lasse deine Gedanken ruhig solche Kreise drehen. Akzeptiere alles so, wie es ist. Konzentriere dich dann wieder auf deinen Atem und lass deine Gedanken sein, wie sie sind und versuche sie nicht zu verändern. Du wirst sehen, dass sich deine Gedanken von ganz alleine beruhigen werden – ohne dass du etwas tun musst!

5. Wiederholung

Je mehr du die Übung, die du gewählt hast, wiederholst, kannst du deinen Geist beruhigen. Hast du zum Beispiel das Mantra „Om" gewählt, kannst du dir immer wieder die Worte „Om, Om, Om" aufsagen. Synchronisiere sie mit deinem Atem und du wirst sehen, dass sich auch dein Geist beruhigen wird. Wenn du es mit dem Meditieren wirklich ernstmeinst, solltest du auch die nötige Disziplin und Ausdauer mitbringen!

Die richtige Entspannung finden – 5 Tipps!

Damit du so tief wie möglich gehen kannst in deiner Meditation, solltest du für möglichst viel Entspannung sorgen. Im Nachfolgenden gibt es ein paar Tipps und Ideen, mit denen du so entspannt wie möglich in deine Meditation hineingehst und diese Entspannung auch so lange wie möglich während des Meditierens aufrechterhalten kannst.

1. Tipp: Gehe eine Runde spazieren

Damit du auch nach einem anstrengenden Arbeitstag möglichst entspannt in deine Meditation gehen kannst, solltest du zunächst deinen Kopf abschalten. Wie wäre es zum Beispiel mit einem Spaziergang durch den Park? Anstatt dich weiter mit den Problemen aus dem Büro herumzuärgern, gönne deinem Kopf eine kleine Pause und deinem Körper etwas Bewegung. Im Anschluss klappt es dann auch mit der Meditation!

2. Tipp: Dehne dich

Es wirkt Wunder, wenn wir unseren Körper vor dem Stillsitzen dehnen und stretchen. Besonders für Beine, Rücken und Nacken kann dies vorteilhaft sein. Bevor es also mit dem Meditieren losgeht, empfiehlt es sich, zur Entspannung ein paar Stretch- und Dehnübungen auszuführen. Auf diese Weise bereitest du sowohl deinen Körper als auch deinen Kopf auf das Meditieren vor.

3. Tipp: Praktiziere Yoga

Indem wir vor der Meditation ein paar Yoga-Übungen praktizieren, können wir unseren Körper nicht nur dehnen. Auch bereiten wir ihn schon hier auf die Meditation vor, indem wir Körper und Geist entspannen. Denn auch Yoga-

Übungen sind darauf ausgelegt, dass wir in eine tiefe Entspannung finden. Probiere es vor der nächsten Meditation einfach aus und begib dich für ein paar Asanas (Yoga-Übungen) auf die Yoga-Matte!

4. Tipp: Schreibe deine Gedanken auf

Wenn wir unsere Gedanken mit in die Meditation nehmen, kann die ganze Meditation schneller vorbei sein als uns lieb ist. Damit du möglichst tiefgehen kannst, kannst du vorher in deinem Kopf am besten klar Schiff machen. Schreibe alles auf, was dich bewegt und lasse deinen Gedanken auf dem Blatt Papier vor dir freien Lauf. Auf diese Weise kannst du dich von überflüssigen Gedanken befreien und mehr Freiheit genießen – und deine Meditation profitiert auch davon!

5. Tipp: Meditationskissen gefälligst?

Sitzt du für 2 Minuten still und freust dich über diesen Erfolg? Fällt dir das lange

Stillsitzen schwer und du musst ständig die Position wechseln? Schlafen deine Beine ein? Dann gibt es eine Lösung! Denn du musst dich nicht in eine Meditationshaltung zwingen, die für dich unbequem ist. Schließlich soll das Meditieren keine Qual sein! Stattdessen kannst du mit einem Meditationskissen oder einem Meditationsbänkchen Abhilfe finden.

Je mehr Komfort du in der Sitzhaltung hast, umso länger wirst du auch in der Position stillhalten können. Du kannst auch ein normales Sitzkissen nehmen oder eine Decke falten und dich daraufsetzen. Wichtig ist, dass sich deine Knie möglichst unter deinen Hüften befinden.

Meine Empfehlung für ein Meditationskissen ist das Yogakissen „Brahman" aus purer Baumwolle. Du findest es hier: https://amzn.to/2x73esg

Top 10 Meditationsübungen für

Anfänger

Es gibt bestimmte Meditationsübungen, die besonders für Anfänger gut geeignet sind. Diese kannst du vor dem Start der Meditation in deinen Alltag integrieren, damit du perfekt auf die Meditation vorbereitet bist. Damit du die passende Übung findest, führe ich dir nachfolgend mehrere Möglichkeiten auf.

1. Atem-Übung

Setze dich aufrecht in eine komfortable Sitzhaltung. Ziehe dein Kinn leicht zur Brust heran. Lege nun Mittel- und Zeigefinger der rechten Hand zwischen die Augenbrauen und schließe mit dem rechten Daumen das rechte Nasenloch. Atme durch das linke Nasenloch ein und halte den Atem. Schließe mit dem rechten Ringfinger das linke Nasenloch und atme durch das rechte Nasenloch aus.

Halte für einen Moment den Atem und atme sodann durch das rechte Nasenloch wieder ein. Schließe das rechte Nasenloch und halte den Atem. Öffne dann das linke Nasenloch und atme durch dieses wieder aus. Führe diese Übung für 5-10 Minuten aus. Welchen Unterschied kannst du am Ende erkennen?

2. Zähl-Übung

Setze dich in eine bequeme Meditationshaltung und schließe die Augen. In dieser Übung synchronisieren wir unsere Atemzüge mit dem Zählen. Jeder Atemzug stellt eine Nummer dar. Beginne mit dem Zählen von 1-7. Bist du bei 7 angekommen, beginnst du wieder von vorne und zählst von 1-14. Hast du es ohne Unterbrechung bis zur Zahl 14 geschafft, kannst du sodann wieder von vorne starten und von 1-21 zählen. Führe diese Reihenfolge in den 7er-Schritten weiter so aus.

Achte dabei darauf, dass du dir zu jedem Zeitpunkt über die Zahl und deinen Atem bewusst bist und nicht mogelst! Stellst du fest, dass du für einen Moment von einem Gedanken abgelenkt warst oder du die letzte Zahl vergessen hast, beginnst du von vorne und zählst von 1-7 und so weiter.

3. Atempausen

Auch bei dieser Übung befindest du dich in einer entspannten Meditationshaltung. Bringe den Fokus auf deinen Atem. Beginne nach einigen Atemzügen sodann damit, dir über die Pausen zwischen Einatmung und Ausatmung bewusst zu werden. Halte den Atem in diesen Pausen für 1 Minute an. Was passiert in dieser Pause? Wer ist sich über diese Pause bewusst? Versuche, dir über jede Pause zwischen den Atemzügen bewusst zu sein und deine Gedanken weiterschweifen zu lassen.

4. Musik-Meditation

Wem es anfänglich mit der stillen Meditation noch schwerfällt, kann sich äußere Mittel zunutze machen, wie zum Beispiel die Musik. Hierzu eignen sich besonders indische Melodien mit Mantras. Auch gibt es spezielle Meditations-Musik, die du für dich nutzen kannst. Entscheidend ist, dass du dich auf die Musik und ihren Inhalt konzentrieren kannst und so zur Ruhe kommst. Singe in deinem Geist mit und du wirst sehen, dass sich deine Gedanken wie in Luft auflösen werden.

5. Rhythmisches Atmen

Beim rhythmischen Atmen geht es darum, mit deiner Atmung eins zu werden. Setze dich in eine aufrechte, komfortable Meditationshaltung und schließe die Augen. Atme durch die Nase tief ein und zähle bis vier. Halte den Atem und zähle wieder bis vier. Atme dann durch die Nase aus, während du bis acht zählst. Halte den

Atem für zwei Sekunden. Dann beginnst du die nächste Runden:

Einatmung: 4

Atem halten:4

Ausatmung: 8

Atem halten: 2

Durch das rhythmische Atmen können wir unseren Geist beruhigen und neue Energie gewinnen. Bereits nach wenigen Minuten können wir uns besser konzentrieren. Diese Übung eignet sich wunderbar zur Vorbereitung der Meditation!

6. Sinneswahrnehmung

Bei dieser Meditationsübung spielen wir mit unseren Sinnen. Setze dich hierzu in eine aufrechte Meditationshaltung oder lege dich mit dem Rücken auf den Boden. Schließe die Augen und konzentriere dich für etwa 1 Minute auf deinen Atem. Dann gehst du von deinem Atem aus wie folgt vor:

- Du richtest deinen Fokus für 1 Minute auf deine Augen: Was siehst du, ohne deine Augen zu öffnen?

- Du richtest deinen Fokus für 1 Minute auf deine Nase: Welche Gerüche nimmst du wahr?

- Du richtest deinen Fokus für 1 Minute auf deine Ohren: Was hörst du?

- Du richtest deinen Fokus für 1 Minute auf deinen Mund: Was schmeckst du?

- Du richtest deinen Fokus für 1 Minute auf deine Hände: Was fühlst du?

Diese Übung kann dich nicht nur auf eine tiefergehende Meditation vorbereiten, sondern auch auf einen ruhigen Schlaf. Indem wir uns für einen kurzen Moment über unsere Sinne bewusstwerden, können wir diese erkennen und unsere Reaktionen dazu betrachten. Wie nimmst du deine Sinne wahr?

7. Geh-Übung

Diese Übung gleicht der Geh-Meditation, wie ich sie dir bereits vorgestellt habe. Anstatt dich jedoch nur auf deine Schritte zu konzentrieren, kannst du die Schritte mit einem Mantra verbinden (z.B. „Ich bin" oder „So-hum"). Auf diese Weise lenkst du deinen Fokus nicht nur auf deinen Körper, sondern auch auf die Worte des Mantras. Auf diese Weise können wir eine noch bessere Konzentration herbeiführen.

8. Bauchatmung

Du befindest dich in einer bequemen Sitzhaltung und fokussierst dich auf deinen Atem. Beginne nun damit, tief durch den Bauch zu atmen. Auf diese Weise können wir den Atem bewusst regulieren und dem

Gehirn die nötige Menge an Sauerstoff schenken. Wiederhole die Bauchatmung solange, bis sie für dich normal geworden ist, du aber nicht in Gedanken versinkst.

9. Atem halten

Diese Übung ähnelt der Übung des rhythmischen Atmens. Wir sitzen in einer aufrechten Position und halten die Augen geschlossen. Nun atmest du durch deine Nase für 3 Sekunden ein und dann für 3 Sekunden aus. Wiederhole diese Übung für einige Minuten, um den Atemfluss zu kontrollieren und deine Lebensenergie zu steigern.

10. Körperwahrnehmung

Lege dich mit deinem Rücken auf den Boden. In dieser Übung geht es darum, dir über verschiedene Körperteile bewusstzuwerden. Du kannst mit deinen Füßen beginnen und dich bis zum Kopf hervorarbeiten. Wichtig ist dabei, dass dein Fokus stets nur auf einem Körperteil liegt und du dich nicht in deinen Gedanken verlierst. Auch diese Übung eignet sich hervorragend für die Abendstunden.

Zusammenfassung von Kapitel 4

• Nutze die frühen Morgenstunden für deine Meditation.

• Achte auf die Regelmäßigkeit!

• 5 Minuten Meditieren ist besser als gar nicht zu meditieren.

• Bleib entspannt und stresse dich nicht!

• Nutze gezielte Übungen, um dich auf die Meditation vorzubereiten.

Kapitel 13: Was ist mit der Erleuchtung?

Was ist das, diese Erleuchtung und warum will jeder erleuchtet werden? Erleuchtung wird oft mit Erwachen gleichgesetzt, was eins der zentralen Lehren des Buddhismus ist. Buddhisten nennen das Dharma, was ein Sanskrit und Pali Wort ist und sich auf die universellen Gesetze des Universums bezieht und die Lehren, die es beschreiben. In diesem Sinne ist die Findung des Dharmas unmittelbar. Es ist die Weisheit und die Wahrheit, die immer präsent ist und darauf wartet, entdeckt zu werden.

Dazu gibt es eine Geschichte über den Buddha, die kurz nach seiner Geburt stattgefunden haben soll:

Buddha hat seine Erleuchtung genau zu diesem Zeitpunkt, kurz nach seiner

Geburt, erfahren. Als er eine staubige Straße hinunterging, traf er auf einen Durchreisenden, der in Buddha einen gutaussehenden Yogi mit einer bemerkenswerten Energie gesehen hat. Der Durchreisende fragte ihn: "Du scheinst etwas ganz Besonderes zu sein.

Was bist du? Bist du ein Engel? Denn du scheinst kein Mensch zu sein." "Nein", sagte Buddha. "Nun, bist du dann irgendeine Art Gottheit?" "Nein", sagte Buddha. "Nun, bist du ein Zauberer?" "Nein", wiederholte Buddha erneut. "Nun, bist du ein Mann?" "Nein", war die Antwort. "Was bist du dann?". Daraufhin antwortete der Buddha: "Ich bin wach."

In diesen drei kleinen Worten - "Ich bin wach" - legte er den Grund und die Basis für die gesamte buddhistische Lehre.

Das Wort "Buddha" als solches bedeutet: Einer, der wach ist. Erleuchtung gibt es tatsächlich und es ist nicht bloß etwas

Großartiges, welches als Ziel der Meditation verstanden wird, denn wir haben bereits gelernt, dass das einzige Ziel der Meditation die Meditation selbst ist.

Ein Mensch, der tatsächlich den wahrhaftigen Weg geht, braucht nicht bis zum Ende des langen Weges zu warten, um Befreiung und Erwachen zu finden. Das Gefühl und die Veränderungen fangen bereits am Beginn dieses Weges an. Die Erleuchtung und das Erwachen folgt dann in jedem Schritt auf diesem Weg und maximiert sich mit jedem neuen Erlebnis jeder neuen Meditation. Du erlebst jedes Mal eine kleine Befreiung und deine alten Lasten fallen ab. Oder einfacher gesagt: du fühlst dich immer besser. Du fühlst dich leichter, befreit und nimmst alles um dich herum mit einer inneren Ruhe wahr.

Der Weg zur Erleuchtung kann entweder von jedem Menschen individuell oder in Gruppen beschritten werden, und jeder

Schritt bedeutet von Beginn an ultimative Erfüllung. Deshalb bringt es auch nichts, sich selbst oder anderen etwas vorzumachen. Denn die Erleuchtung beinhaltet die Erfüllung all deiner zahllosen Wünsche, die du eventuell selbst noch nicht kennst. Es ist das Gefühl eines vollständigeren Glücks, die Realisation mitten im Leben zu sein, sich dafür bedanken zu wollen und es auch zu können!

Kapitel 14: Meditation richtig erklärt

Mithilfe der Meditation können Sie eins mit Ihrem Bewusstsein sein werden. Sie werden lernen, diesen Zustand bewusst wahrzunehmen und ihn zu genießen. Sie werden die tägliche Belastung nicht mehr verspüren, denn die leere wird Ihr ständiger Begleiter sein.

Sie werden die schmerzvollen Gefühle über Bord werfen und können so das Leben in vollen Zügen genießen. Wenn Sie, vor allem zu beginn, Schwierigkeiten damit haben, überhaupt eine völlige Leere im Kopf zu haben, dann kann ich Sie beruhigen.

Mit viel Übung wird es es Ihnen gelingen. Doch nicht einmal das ist das Entscheidende, denn Sie werden oftmals diese Momente erleben, in denen Sie an überhaupt nichts denken, und dann daran denken werden, an Nichts denken zu sollen.

Genau dieser Moment in dem Sie merken, an das Sie etwas denken und wieder in den Zustand der völligen Leere übergehen sollten, beschreibt die Achtsamkeit. Sie haben den gegenwärtigen Augenblick bewusst wahrgenommen und konzentrieren sich nun darauf, wieder in eine gewünschte Position zurückzukommen.

Nachdem Sie diese Momente einige Male erlebt haben, werden Sie dies mit einem lächeln quittieren. Doch auch vor und während der Meditation sollte einiges beachtet werden. Auch ist der Ort, vor allem für Anfänger, ein sehr wichtiges Kriterium, um nicht so leicht aus der Ruhe zu kommen.

Kapitel 15: Die 15 besten Anfänger Tipps

Damit es dir leichter fällt, regelmäßig die Meditation zu üben, gibt es ein paar gute Tipps, die ich dir hier vorstellen möchte. Sobald die ersten Hürden auftauchen, werfen viele schon wieder das Handtuch, aber das ist wirklich schade. Mit den folgenden fünfzehn Tipps gelingt es dir ganz einfach die Meditation zu einem festen Bestandteil deines Lebens zu machen und so von den vielen positiven Auswirkungen zu profitieren, die ich dir ja schon beschrieben habe.

1. Wähle einen festen Platz

Es ist sehr hilfreich einen festen Platz zu haben, an dem du meditierst. Musst du immer erst anfangen alles aufzubauen, fällt es dir viel schwerer, als wenn du alles griffbereit da liegen hast und dich einfach nur setzen musst, um anzufangen. Leg deine Utensilien, wie zum Beispiel deine Matte, dein Meditationskissen oder deinen Timer dort ab und räume sie nicht wieder weg.

An dem Ort, an dem du meditierst, solltest du dich wohlfühlen. Richte dir eine gemütliche kleine Ecke ein und setze dich nicht in eine unordentliche Rumpelkammer. Dekoriere deinen Platz mit Kerzen, Blumen oder Bildern und sorge dafür, dass es gut riecht. Dazu kannst du Räucherstäbchen benutzen. Schaffe dir eine Wohlfühloase, auf die du dich jeden Tag freust. Das erleichtert das Meditieren sehr und wird dich dazu motivieren, dich auch wirklich hin zu setzten.

Bevor du mit deiner Meditation anfängst, solltest du deinen Raum kurz lüften. Das sorgt für genügend Sauerstoff und es besteht nicht die Gefahr, dass der Raum zu warm ist. In einem überhitzten Raum wirst du leicht schläfrig und das erschwert es dir, über einen längeren Zeitraum konzentriert zu bleiben. Lege dir lieber eine Decke über die Beine, wenn es dir zu kühl ist, als die Heizung zu stark aufzudrehen.

2. Wähle eine feste Zeit

Ein fester Zeitpunkt ist sehr wichtig, wenn du damit beginnen willst, regelmäßig zu meditieren. Deinen für dich idealen Zeitpunkt kannst du nur durch Ausprobieren herausfinden. Am besten geeignet ist der frühe Morgen oder der Abend, aber wie gesagt, das musst du für dich selbst herausfinden. Die meisten empfehlen als beste Meditationszeit den frühen Morgen, direkt nach dem Aufstehen, da hier dein Kopf noch frisch ist. Du stellst dir deinen Wecker fünfzehn Minuten früher und legst direkt los.

Ich persönlich meditiere lieber am Abend, da habe ich die wichtigen Dinge des Tages erledigt und komme besser zur Ruhe. Die

Regelmäßigkeit ist wichtig, jeden Tag zur gleichen Zeit, damit die Meditation nach einer Eingewöhnungszeit in deinem Alltag zu einer festen Gewohnheit wird. Das bedeutet, dass du deine Meditation auch am Wochenende und im Urlaub zur festgesetzten Zeit beibehältst.

3. Lass dich nicht ablenken

Damit du in der Zeit deiner Meditation wirklich zur Ruhe kommst, ist es wichtig darauf zu achten, dass du ungestört bist. Sage deiner Familie oder deinen Mitbewohnern bescheid, dass du für die nächsten Minuten deine Ruhe haben möchtest. Stell dein Telefon und die Klingel deiner Haustüre ab. Gerade am Anfang brauchst du diese Stille, damit du dich gut konzentrieren kannst.

Lass deine Katze vor die Tür und führe kurz deinen Hund Gassi. Gehe vor deiner Meditation noch einmal auf die Toilette, trinke etwas oder iss noch eine Kleinigkeit.

Bringe die Kinder ins Bett und schließe die Tür hinter dir ab. Putz dir noch mal die Nase. Versuche alle Störfaktoren, die eventuell auftreten könnten, vorher auszuschalten. Umso leichter gelingt es dir, bei der Sache zu bleiben.

4. Wähle bequeme und warme Kleidung

Wenn du eine Weile still sitzt oder auf deiner Matte liegst, kühlt dein Körper recht schnell aus. Lege dir darum eine Decke bereit, einen Schal, den du dir notfalls über die Schultern legen kannst und dicke Socken. Du kannst dich schlecht konzentrieren, wenn du anfängst zu frieren. Mache es dir so gemütlich, wie du nur kannst, damit dein Unterbewusstsein die Meditation mit etwas Schönem verbindet. Das hilft dir dabei, motiviert zu bleiben.

Deine Kleidung sollte bequem, locker und weit geschnitten sein, wenn möglich aus Naturfasern, damit dein Körper gut atmen kann. Hast du dir etwas angezogen, dass dich drückt oder einengt, vielleicht noch kratzt oder raschelt, wirst du ebenfalls Probleme haben dich zu konzentrieren. Dann schlafen dir vielleicht die Beine von einer zu engen Hose ein oder du wirst durch das kratzige Gefühl auf deiner Haut abgelenkt.

5. Mache es dir so einfach wie möglich

Suche dir von den vorgeschlagenen Meditationstechniken diejenige aus, die dich am ehesten anspricht. Nimm dir erst einmal die Kissen und Decken, die in deinem Haushalt bereits vorhanden sind. Du musst dir nichts Neues kaufen, benutze das was da ist. Lass dich nicht von irgendwelchen Vorgaben einschüchtern, es gibt nicht die perfekte Sitzposition, solange du dich damit wohlfühlst, ist alles in Ordnung. Auch wenn du zu Beginn nur zwei Minuten still sitzen kannst, ist das auch okay, fange einfach an.

6. Wähle deine Sitzposition

Eine für dich gute und bequeme Sitzposition zu wählen ist das Wichtigste. Es ist keine bestimmte Position vorgeschrieben, hier musst du wieder selbst ausprobieren, was für dich am besten passt. Du kannst dich am Anfang auch ruhig zum Meditieren hinlegen und probierst dann immer wieder mal aus, ob das Sitzen mit der Zeit besser geht. Das Meditieren auf einem Stuhl oder der Fersensitz sind gute Alternativen.

Wenn du am Anfang noch kein Meditationskissen oder eine Meditationsbank kaufen möchtest, kannst du als Sitzhilfe auch ein normales größeres Kissen oder eine Decke benutzen. Dazu rollst du deine Decke einfach zusammen und setzt dich darauf. Es geht ja nur darum, dass dein Gesäß höher gelagert ist, als deine Beine, damit du stabiler sitzen kannst. Probiere es aus.

7. Die richtige Körperhaltung

Wenn du eine für dich gute und passende Sitzposition gefunden hast, richte deinen Oberkörper und deine Wirbelsäule auf. Deine Körperhaltung sollte entspannt und gleichzeitig stabil sein. Kippe dein Becken leicht nach vorne, die Schultern fallen locker nach hinten und unten. Dein Kinn neigt sich leicht zu deiner Brust, damit deine Halswirbelsäule gerade ist.

Für deine Atmung ist es wichtig, dass du dein Becken etwas nach vorne kippst und die Halswirbelsäule gerade ist. Das erleichtert dir das Ein- und Ausatmen. Die Luft kann besser in deinen Unterbauch ein- und wieder ausströmen, wenn du ihr genügend Platz verschaffst. So kannst du lockerer atmen und die Energie fließt leichter durch deinen Körper. Deine Hände legst du entweder in den Schoß oder auf deine Oberschenkel.

Vermeide es, dich während deiner Meditation zu bewegen. Leichtes Schwanken deines Oberkörpers ermöglicht dir, immer wieder in eine gute Haltung zurückzukommen. Versuche möglichst still zu sitzen. Wenn du auf einem Stuhl sitzt, achte darauf, dass beide Füße fest auf dem Boden stehen. Lege deine Zungenspitze an deinen Gaumen und entspanne deinen Kiefer. Die Zähne liegen nur ganz leicht aufeinander. Das hilft dir ebenfalls dabei, deine Aufmerksamkeit auf eine Sache zu fokussieren.

8. Schaffe dir ein Anfangsritual

Ein Anfangsritual zu Beginn deiner Meditation kann sehr hilfreich sein, um deinem Körper und deinem Geist das Zeichen zu geben: Achtung, jetzt geht es los! Das können kurze Dehnübungen sein, einige Atemzüge am geöffneten Fenster, das Anzünden einer Kerze oder das Einschalten einer leisen

Entspannungsmusik. Du kannst auch deine Atemzüge herunterzählen von zehn bis eins und dann fängst du an. Auch hier wieder mein Rat, such dir etwas aus, womit du dich wohlfühlst und was für dich gut funktioniert.

9. Wähle einen Konzentrationspunkt

Bei den einzelnen passiven Meditationstechniken kannst du dir aussuchen, auf was du deine Aufmerksamkeit richten möchtest. Du kannst dich mit geschlossenen Augen auf deinen Atem konzentrieren oder auf einen Satz, ein Wort oder einen Ton, wie zum Beispiel das "Om". Diese Konzentrationspunkte sind sehr wichtig, wenn du deinen Gedankenstrom beruhigen willst. Stell dir diesen Punkt als Anker vor, an dem du dich während der Meditation festhalten kannst.

Wenn es dir schwer fällt, mit geschlossenen Augen zu meditieren, kannst du deine Augen auch einen kleinen Spalt auflassen. Richte deinen Blick etwa einen halben Meter vor dich auf den Boden und fixiere dort einen Punkt, auf den du dich konzentrierst. Du kannst auch eine Kerze vor dir aufstellen und dich auf die brennende Flamme fokussieren. Auch hier gilt wieder, probiere aus, was für dich am besten funktioniert.

10. Ärgere dich nicht, experimentiere lieber

Betrachte das Meditieren als ein Spiel und ärgere dich nicht darüber, wenn am Anfang deine Gedanken immer wieder abschweifen. Das geht jedem so, also sei nicht enttäuscht, das ist ganz normal. Wahrscheinlich gehen dir auch mal Gedanken durch den Kopf, wie zum Beispiel:

•Was mache ich hier eigentlich?

- Warum kann ich meine Gedanken nicht abschalten?

Lass dich davon nicht frustrieren, konzentriere dich wieder, sei achtsam und lasse diese Gedanken los. Probiere so viel wie möglich selbst aus. Auf diese Weise findest du am ehesten heraus, was für dich funktioniert und was eher nicht. Es gibt so viele verschiedene Möglichkeiten der Meditation, da ist mit Sicherheit auch das passende für dich und deine Bedürfnisse dabei.

11. Sei geduldig mit dir

Lass dich auf die Meditation ein und sei geduldig mit dir. Gehe sanft und gut mit dir und deinem Körper um. Spüre in ihn hinein und akzeptiere einfach das, was gerade da ist. Was passiert passiert, bewerte und beurteile es nicht. Schaue es dir an und dann lässt du diesen Gedanken einfach weiterziehen. Du kannst deinen Gedankenstrom nicht abstellen, aber er lässt sich verlangsamen. Betrachte ihn aus der Perspektive des Beobachters und dann lass ihn los.

Der kleine wilde Affe in deinem Kopf wird mit der Zeit langsamer. Wenn du damit aufhörst ihm Energie und Aufmerksamkeit zu geben, beruhigt er sich und frisst dir aus der Hand. Fange einfach an zu üben, im Laufe der Zeit wird es dir immer besser gelingen, mit deiner Aufmerksamkeit bei der Sache zu bleiben. Versprochen!

12. Mach dir keinen Stress

Setze dich bei der Meditation nicht selbst unter Druck. Was kommt kommt, Punkt. Kehre einfach mit deiner Aufmerksamkeit wieder zu der Stelle deiner Konzentration, an der du abgeschweift bist, zurück und mache weiter. An einigen Tagen wird es dir besser gelingen fokussiert zu bleiben und an anderen weniger. So ist das Leben nun mal, entspanne dich und bleibe trotzdem ruhig und gelassen. Halte die zehn Minuten durch und dann versuchst du, die Ruhe aus deiner Meditation mit in deinen Alltag zu nehmen. Alles ist gut.

13. Werde dein bester Freund

Werde selbst zu deinem besten Freund, schätze dich wert, achte dich und gehe besonders liebevoll mit dir um. Vermeide es, dich zu kritisieren, sondern nehme nur wahr was ist. Wenn du deinen Geist während des Meditationsprozesses einfach nur beobachtest, wirst du erstaunt sein, was du alles über dich selbst erfahren wirst. Deine Gefühle und Gedanken sind keine Feinde von dir, sie gehören einfach mit zu deiner Persönlichkeit.

14. Es gibt kein Richtig oder Falsch

Mache dir keine Sorgen darüber, wie du deine Meditation machst. Es gibt keine richtige und auch keine falsche Meditation. Sich Sorgen zu machen ist vollkommen sinnlos, es gibt keine perfekte

Art es zu tun, die Hauptsache ist, dass du es tust. Wenn du ohne eine detaillierte Anleitung nicht klarkommst, versuche es mit einer geführten Meditation. Auf diese Weise bekommst du auch einen guten Einstieg in das Wesen der Meditation.

15. Lächle

Vergiss nicht zu lächeln. Ziehe deine Mundwinkel breit und nach oben. Während deiner Meditation solltest du immer ein kleines Lächeln auf deinen Lippen haben, damit bringst du positive Gefühle in deinem Gehirn hervor. Das hilft Körper und Geist dabei, zu entspannen und sich besser auf die Meditation einlassen zu können.

Zum Schluss dieses Kapitels möchte ich dich noch mal dazu motivieren loszulegen. Mache dir vorher nicht zu viele Gedanken um das „Wie". Vieles ergibt sich automatisch, wenn du ins Handeln kommst. Sollte es dir dennoch nach einer gewissen Zeit nicht gelingen, dich regelmäßig alleine hin zu setzten und eine Meditation durchzuführen, kannst du überlegen, ob es für dich sinnvoll ist, dir einen Meditationslehrer zu suchen.

Ein Meditationslehrer kann ebenfalls hilfreich für dich sein, wenn in der Meditation Gedanken und Gefühle in dir auftauchen, die du alleine nicht verarbeiten kannst. In einem solchen Fall ist es eine gute Idee einen Lehrer zu haben, mit dem du deine Erlebnisse teilen und besprechen kannst. Du kannst dir auch eine Meditationsgruppe suchen. Das regelmäßige Üben in einer Gemeinschaft ist sehr angenehm. Mit mehreren Menschen können ganz andere Energien entstehen. Es ist ein Austausch untereinander möglich und das motiviert dich vielleicht eher am Ball zu bleiben.

Kapitel 16: Achtsame meditative Praxis und einfache Übungsbeispiele

In diesem Kapitel werden wir den Prozess der achtsamen Meditation durchlaufen und am Ende einfache Beispiele für die Praxis geben. Diese Beispiele sind dazu gedacht, Ihre kreativen Ideen fließen zu lassen, damit Sie herausfinden können, was für Sie am besten funktioniert.

Der Schlüssel zur Überwindung von Leiden und zur Erkenntnis, dass tief verwurzelte natürliche Weisheit durch achtsame Meditationspraxis liegt. Achtsamkeit wird durch Sitzen und Meditieren gefördert. Während es mehrere Arten von meditativen Techniken gibt, die das Sitzen beinhalten, sollen einige uns helfen, uns zu entspannen, während andere einen veränderten Bewusstseinszustand erzeugen können. Achtsamkeit ist insofern einzigartig, als ihre Absicht nicht darin besteht, uns dazu zu bringen, etwas an uns selbst zu ändern. Es soll uns einfach nur bewusst machen, was von einem Moment auf den anderen vor sich geht. Sein Zweck ist es, uns zu lehren, bedingungslos präsent zu sein, egal was passiert.

Das Sitzen während der achtsamen Meditation gibt uns die Möglichkeit, im Moment präsent zu sein, so wie wir sind.

Es gibt uns einen Einblick in unsere inhärente Weisheit und hilft uns zu lehren, wie wir das unnötige Leiden stoppen können, das entsteht, wenn wir versuchen, Unannehmlichkeiten oder Schmerzen zu entkommen. Das sind Dinge, die wir einfach dadurch erleben, dass wir lebendig sind. Schmerzen sind ein Teil des Lebens. Wir können es nicht bekämpfen. Wir können diese Momente jedoch erkennen und mit achtsamer Meditation durchkommen.

Wählen Sie Ihre Umgebung

Dieser Schritt ist entscheidend. Du musst einen Ort finden, an dem du nicht abgelenkt wirst. Sie werden alle Elektronikteile weglegen wollen, um die Versuchung von Social Media zu vermeiden. Sie werden auch an einem Ort sein wollen, an dem Sie keine Unterbrechungen haben werden. Manchmal kann dies schwierig sein, besonders wenn Sie Kinder haben, die wissen wollen, ob sie einen Snack haben können oder wann das Abendessen stattfindet. Der Ort sollte ruhig sein und kann je nach Wetterlage drinnen oder draußen sein. Wenn Sie das Glück haben, in einer Gegend zu leben, die das ganze Jahr über warmes Wetter hat und keine Nachbarn haben, die fragen, was Sie vorhaben, dann machen Sie es.

Naturverbundenheit ist ein sehr erdenkliches Gefühl und hilft bei allen meditativen Praktiken, auch bei der Achtsamkeit. Sobald du diesen Ort gefunden hast, kannst du dich von dem Alltagsstress lösen. Wenn du versuchst, deine meditative Praxis zu kultivieren, solltest du vielleicht einen Raum schaffen, der ganz dir selbst gehört und speziell deiner Meditation gewidmet ist.

In diesem Raum können Sie Blumen, Bilder oder inspirierende Gegenstände haben, die Ihnen helfen, sich zu konzentrieren und ein Schwerpunkt sein können.

Mach es dir bequem

Sie müssen mehrere Minuten hintereinander stationär sein. Das macht es besonders wichtig, sich wohl zu fühlen. Stellen Sie sicher, dass die Raumtemperatur tolerierbar ist. Während der Meditation kann Ihre Körpertemperatur fallen, also versuchen Sie, eine Decke in der Nähe zu haben. Du kannst auf Kissen oder Kissen sitzen.... was immer du brauchst, um diese Sitzposition bequem zu machen. Sie werden auch Kleidung tragen wollen, die bequem ist. Schwitzhosen und ein T-Shirt sind perfekt

Nehmen Sie sich Zeit

Wir haben das schon einmal erwähnt. Beginnen Sie langsam mit zehn bis fünfzehn Minuten pro Tag. Wenn du das morgens und abends kannst, perfekt! Wenn nicht, ist einmal pro Tag in Ordnung. Es ist eine gute Idee, einen Timer so einzustellen, dass du nicht versucht bist, die Uhr zu überprüfen, während du übst. Sie werden ein leises Summen anstelle eines lauten Piepsens oder Alarms wünschen. Du willst nicht aus deiner Praxis ausgeschlossen werden. Das kann sich nachteilig auf all die entspannende

Meditation auswirken, mit der du gerade Zeit verbracht hast.

Probiere verschiedene Körperhaltungen aus

Es gibt einige meditative Techniken, in denen sich der Praktizierende hinlegen kann. Für eine achtsame Meditation ist es am besten, sich zu setzen. Sie können Ihre Beine in der Lotusposition kreuzen, Ihre Beine ausstrecken oder in einem bequemen Stuhl sitzen. Finden Sie heraus, in welcher Position Sie sich am wohlsten fühlen und gehen Sie mit ihr. Auch hier gibt es keinen falschen Weg, um zu meditieren.

Beruhige den Geist

Am Anfang könnte es ein wenig mehr Zeit in Anspruch nehmen, um Ihren Geist dazu zu bringen, sich zu beruhigen und sich von allem zu lösen, was Sie im Leben erlebt haben. Dies kann besonders schwierig sein, wenn du einen besonders schlechten Tag hattest. Wenn man sich mit den Ereignissen des Tages beschäftigt, kann es dazu führen, dass die Emotionen angeregt werden. Es ist in Ordnung, das zur Kenntnis zu nehmen und dann den Fokus wieder auf die meditative Praxis zu legen. Am Anfang fühlst du dich vielleicht etwas unbeholfen und das ist auch in Ordnung. Noch einmal, nimm das Gefühl wahr und mach weiter. Denken Sie daran, dies ist für Ihr allgemeines Wohlbefinden und Ihre Psyche.

Es ist gut für dich!

Nimm mehrere langsame, tiefe Atemzüge

Bringen Sie Bewusstsein in Ihren Atem. Notieren Sie sich Ihre Einatmen und Ausatmen mit jedem Atemzug. Spüren Sie, wie der Atem in und aus Ihnen herausfließt, bemerken Sie, wie er Ihre Lungen füllt und durch Ihren Mund oder Ihre Nase freigesetzt wird. Mach es mit jedem Atemzug länger als der letzte. Die tiefe Atmung hilft Ihrem Geist und Körper, sich zu entspannen und bereitet Sie darauf vor, bewusst zu meditieren. Den Atem zu bemerken, ist eine Praxis der Achtsamkeit.

Du kannst deinen Atem zu jedem Zeitpunkt des Tages beobachten.

Ihr seid nicht eure Gedanken.

Während du meditierst, ist es wichtig, dich daran zu erinnern, dass du die Kontrolle über die Art und Weise hast, wie du dich fühlst und was du denkst. Wenn du deine Gedanken oder Emotionen wahrnimmst, kannst du sie erkennen und sie dann wieder an ihre Stelle setzen, so dass du dich auf deine Praxis konzentrieren kannst und nicht auf deine Gedanken oder Emotionen. Mach dich nicht selbst fertig wegen dieser Gedanken, die sich in deine Praxis einschleichen. Es wird von Zeit zu Zeit passieren. Erkennen Sie sie an und machen Sie weiter. Jedes Mal, wenn du von deiner Praxis abgelenkt bist, kehre zu deinem Atem zurück, wie in Schritt sechs beschrieben.

Konzentriere dich auf den gegenwärtigen Moment

Bei der Achtsamkeitsmeditation geht es darum, dir zu helfen, dich auf die Gegenwart zu konzentrieren. Es ist viel zu einfach, seinen Geist wandern zu lassen und über die Vergangenheit oder die Zukunft nachzudenken. Du kannst es so sehen. Dein Körper ist immer in der Gegenwart. Es kann nicht in die Vergangenheit zurückgehen oder in die Zukunft springen. Versuche immer, dich auf den gegenwärtigen Moment zu konzentrieren. Noch einmal, wenn dein Verstand oder deine Emotionen wandern, gehe zurück zu deinem Atem. Das ist es, was dich auf dem Boden hält und dich zu deinem Grund für bewusstes Meditieren zurückbringt.

Das sind die Schritte, die dich in deinen meditativen Zustand bringen werden. Sobald du dort bist, liegt es an dir, was passiert. Hier kommen die Dinge von Mensch zu Mensch unterschiedlich zur Geltung. Wie du dich entscheidest, dich durch deine Praxis zu führen, liegt ganz bei dir. Als nächstes werden wir einige achtsame Übungen behandeln, die dir helfen werden, tiefer in deine Meditationen einzutauchen.

Wir haben darüber gesprochen, dass es wichtig ist, wieder auf den Atem zurückzukommen, wenn der Geist wandert. Jetzt werden wir etwas detaillierter auf die achtsame Atmung eingehen.

1. Nimm drei einfache, sanfte Atemzüge durch die Nase und atme langsam und gleichmäßig aus. Spüren Sie mit jedem Atemzug, wie sich Ihr Körper verlangsamt und in Ihre Atemzüge eintaucht.

2. Werde dir deiner Atmung voll bewusst. Achte bei jedem Ausatmen darauf, wo du in deinem Körper den Atem am meisten spürst. Es könnte mit dem Aufstieg und Fall deiner Brust sein. Es kann durch deine Nasenlöcher geschehen, während du ausatmest. Wo auch immer es ist, nimm dir einfach diesen Moment, um es zu erkennen, wo es gespürt wird.

3. Jetzt, da du deine Ausatemvorgänge wahrnimmst, beachte deine Einatemvorgänge. Achten Sie bei jedem Atemzug auf Spannungsgefühle und

notieren Sie, wie es sich anfühlt, wenn der Atem in Ihre Lunge eintritt.

4. Verschiebe dein Bewusstsein noch einmal auf deine Ausatmen. Beobachte den Klang deines Atems, während er deinen Körper verlässt. Es gibt kein Urteil, nur Beachtung.

5. Atmen Sie noch einige Minuten lang gleichmäßig und sanft.

6. Nimm zur Kenntnis, was in deinem Kopf passiert. Wenn es wandert oder deine Gedanken treiben, verurteile oder kritisiere dich nicht selbst. Beachte, dann lenke deine Aufmerksamkeit wieder auf deine Atemzüge.

7. Nach etwa zehn Minuten öffnen Sie die Augen und kehren zu Ihrem Bewusstsein zurück. Achten Sie auf Ihre Umgebung. Genießen Sie die Ruhe, den Frieden und die Stille des Augenblicks, den Sie gerade erlebt haben.

Als Anfänger ist dies eine großartige Übung zum Thema Bewusstsein. Es hilft dir, zu beginnen, deine Atemzüge zu finden, dich über alle Gedanken im Klaren zu sein, die sich einschleichen können, und deinen Fokus wieder zu erlangen. Kenne und akzeptiere deinen Geist für die wunderbare Sache, die er ist. Wir alle haben die Tendenz, unseren Geist wandern zu lassen. Mit der Übung wird die Atemtechnik von Tag zu Tag einfacher.

Die nächste Übung, die wir üben werden, ist eine in der täglichen Achtsamkeit. Diese Übung wird einige der Dinge beinhalten, die wir täglich tun, bei denen unser Autopilot die Kontrolle übernimmt. Wir wollen auch auf die Erfahrungen des Alltags achten. Auf diese Weise werden wir in der Lage sein, bessere Praktizierende zu werden, wenn es um achtsame Meditation geht.

Diese Übung ist ganz einfach. Nimm dir etwas Zeit, um über einige der Aktivitäten nachzudenken, die du während der Woche machst, aber die von Natur aus geistlos sind. Einige gute Beispiele dafür sind: Abwasch, Zähneputzen, Spazierengehen mit dem Hund, Fahren zur Arbeit, Duschen oder Frühstücken.

Wählen Sie in der nächsten Woche eine Ihrer täglichen Autopilot-Aktivitäten, auf die Sie sich jeden Tag konzentrieren können. Es gibt nichts, was an deiner Routine geändert werden muss. Nicht langsamer oder schneller werden. Führen Sie diese Aktivitäten wie gewohnt durch. Alles, was du jetzt tust, ist, deinen Bewusstseinsgrad zu erhöhen. Nehmen Sie eine Aktivität pro Tag auf achtsame Weise vor. Hetze dich nicht durch, lass deine Gedanken nicht woanders hingehen.

Vielleicht solltest du, während du mit dem Hund spazieren gehst, auf deine

Umgebung achten. Wie ist das Wetter? Wonach riecht es? Wie fühlt sich der Bürgersteig unter deinen Tennisschuhen an?

Wenn die Woche zu Ende ist, schreibe deine Reaktionen auf deine Erfahrungen auf. Wie fühlte es sich an, sich bewusst an einer sinnlosen Aktivität zu beteiligen? War es anders als sonst? Sie können dies in der nächsten Woche mit einer anderen Aktivität wieder tun. Denke nur daran, der Sinn dieser Übung ist es, bei vielen dieser Aktivitäten, die als sinnlos gelten, aufmerksam zu sein.

Die nächste Übung, über die wir sprechen werden, ist die Achtsamkeit der Sinne. Dies bringt achtsame Atemzüge auf die nächste Ebene, da es alle Ihre Sinne einbezieht. Genau wie bei unseren Atemzügen können wir unsere anderen Sinne nutzen, um unsere Meditation zu vertiefen.

Zuerst müssen Sie sich an einem bequemen, ruhigen Ort befinden, um zu sitzen. Stellen Sie sicher, dass Sie mindestens zehn Minuten Zeit haben, um damit zu beginnen, aber dies ist sicherlich eine Übung, die im Laufe der Zeit erweitert werden kann.

Setzen Sie sich bequem auf den Boden oder auf einen Stuhl. Mit geradem Rücken entspannen Sie Ihre Schultern. Du kannst entweder deine Augen schließen oder etwas direkt vor dir finden, um deine Augen zu fokussieren.

Beginne mit drei sanften Atemzügen durch die Nase und atme genauso gleichmäßig aus, wie du eingeatmet hast. Spüren Sie bei jedem Atemzug, wie sich Ihr Körper verlangsamt und entspannt.

Nochmals, wenn dein Verstand anfängt zu wandern, nimm es zur Kenntnis und bringe dein Bewusstsein zu deinen Atemzügen zurück. (Dies ist ein wichtiger Schritt in jeder meditativen Praxis, die Achtsamkeit beinhaltet. Kritisiere niemals deinen Verstand, wenn er wegläuft. Bringen Sie es einfach wieder in den Fokus)

Sobald du deine Atmung unter Kontrolle hast, beachte die Dinge, die du hörst. Der Klang deines Atems oder der Klang der Stille. Was auch immer du hörst, beachte sie ohne Urteil oder will, dass sie etwas anderes sind.

Als nächstes notieren Sie sich alles, was Sie riechen könnten. Du darfst sie nur zur Kenntnis nehmen. Versuche nicht herauszufinden, was sie sind. Lasst die Düfte durch eure Nase eindringen und dann ohne Verurteilung passieren.

Konzentriere dich jetzt darauf, wie sich dein Körper anfühlt, wenn er auf dem Boden oder im Stuhl sitzt. Achten Sie auf das Gewicht Ihres Körpers. Achte darauf, wie sich deine Kleidung auf deiner Haut anfühlt, die Temperatur im Raum. Notiere deine Hände und wo sie liegen.

Als nächstes bringen Sie Ihr Bewusstsein in das Innere Ihres Mundes. Gibt es etwas, das du schmecken kannst? Ob es sich nun um etwas von früher am Tag oder um Ihre verweilende Zahnpasta handelt, nehmen Sie sie zur Kenntnis. Wenn es nichts gibt, was man probieren kann, sollte man auch das zur Kenntnis nehmen.

Wenn deine Augen geschlossen sind, versuche dir vorzustellen, wie der Raum aussieht. Wenn es sich um einen Ort handelt, an dem Sie viel Zeit verbringen, sind Sie vielleicht damit vertraut, wo sich alles im Raum befindet. Was ist an den Wänden? Was ist unter dir? Welche Farben haben die Wände? Beachten Sie diese und machen Sie weiter.

Nun, lassen Sie uns zur Kenntnis nehmen, was in Ihrem Kopf passiert. Gehen deine Gedanken in die Vergangenheit oder in die

Zukunft? Wenn dein Verstand wandert, lenke deine Aufmerksamkeit um und bringe alles wieder zu deinen Sinnen.

Nach etwa zehn Minuten oder so, kommen Sie zurück in Ihre Umgebung. (In diesem Schritt wird eine Stoppuhr nützlich sein).

Unsere letzte Übung wird die achtsame Minute sein. Während achtsame Meditation etwas ist, das täglich für etwa eine halbe Stunde oder so getan werden sollte (sobald man dazu bereit ist, natürlich. Vergiss nicht, klein anzufangen), gibt es Zeiten, in denen das Leben einfach nur im Weg steht, und das ist auch okay. An manchen Tagen ist es fast unmöglich, zehn Minuten zu finden.

Aber jeder sollte eine Minute Zeit haben, und genau darum geht es in der achtsamen Minute.

Unsere Welt ist schnelllebig und immer in Bewegung. Das macht es schwer, sich etwas Zeit zu nehmen, um langsamer zu werden und im Moment zu sein. Das kann zu Stress führen, und wenn Sie sich gestresst fühlen, ist es eine gute Zeit, sich eine Minute Zeit zu nehmen, um achtsam zu sein. Ob im Auto oder im Büro, im Stehen oder Sitzen, das ist etwas, was Sie tun können, egal wo Sie sind. Alles, was du brauchst, ist eine Minute Ruhe. Wenn Sie im Auto sind, schließen Sie die Augen nicht. Wo auch immer Sie sonst sind, zögern Sie nicht, dies zu tun. Beenden Sie alles, was Sie tun, und folgen Sie dann diesen Schritten:

1. Achte auf deinen Atem, wenn er durch deine Nase eindringt, deine Lunge füllt und deine Nase verlässt.

2. Nutze alle deine Sinne, um zu bemerken, was um dich herum passiert. Spüren Sie die Temperatur des Raumes

oder im Freien, bemerken Sie die Gerüche, die Geräusche. Achten Sie darauf, wie das Innere Ihres Mundes schmeckt.

3. Achte auf deine Emotionen und Gedanken, die du in diesem Moment hast. Bemerke sie nur. Es gibt kein Urteil, keine Kritik, keine Emotion. Du bist von diesen Gedanken und Emotionen losgelöst.

4. Wenn dein Verstand sich bewegt, bring ihn zurück in den Moment und konzentriere dich wieder auf deine Atemzüge.

5. Öffne deine Augen und komm zurück zu dem, was du bist.

Einige dieser Schritte werden von anderen bereits erwähnten Meditationsmethoden wiederholt. Die repetitive Natur ist es, die uns hilft, den Prozess der achtsamen Meditation zu lernen und zu merken. Diese Praxis wird immer damit beginnen, deine Atemzüge zu notieren und endet damit, dass du deine Augen öffnest und dahin zurückkehrst, wo du bist. In jedem Schritt willst du alles bemerken. Achte besonders auf deine Sinne. Wandernde Gedanken sind in Ordnung, solange du auf deinen Moment zurückkommen kannst. Achtsame Meditation bedeutet, diesen inneren Frieden zu finden und sich mit Menschen auf einer tieferen Ebene zu verbinden.

www.ingramcontent.com/pod-product-compliance
Lightning Source LLC
Chambersburg PA
CBHW071431070526
44578CB00001B/75